『기도를 살다』를 읽으면서 이 책이 전문적인 목회자이자 영성 전문가의 노작이라는 확신이 들었다. 본서는 오랫동안 설교나 성경공부를 통해 교인들과 소통하면서 지속적으로 습득해 온 영성학적 지식을, 성도들의 눈높이에 맞추어 씨줄 날줄로 엮어 낸 실천적 기도 신학이라 할 수 있다. 교회 신학은 어떤 가르침이든 성경에 기반을 두어야 그 주장에 든든함과 설득력이 더해진다. 한편, 목회자가 성경을 바탕으로 쓴 책은 자칫 또 하나의 설교처럼 느껴져 독자에게 식상함을 줄 수 있다. 그러나 이 책은 성경에 나타난 스물세 가지 기도의 실례들을 꼼꼼히 분석하고 설명함으로써, 든든한 성경적 기도 신학을 세워 주고 있다. 이러한 점에서 볼 때, 이 책은 기도를 체계적으로 배우고자 하는 모든 성도에게 매우 유용한 참고서이자 실천적 자료가 될 것이다. 또한 기도를 전문적으로 가르치거나 훈련 자료를 찾는 목회자들에게는 수준 높은 정보를 제공해 줄 것이며, 영성을 전공하는 사람들에게는 현장에서 전문 지식을 어떻게 녹여 낼지를 보여 주는 통찰력 있는 저서가 될 것이다. 기도는 신앙 생활에서 없어선 안 될 숨결과 같기에, 생동감 있는 신앙을 갈망하는 모든 이에게 이 책을 기꺼이 추천한다.

유해룡 장로회 신학대학교 영성학 명예교수

신앙생활에서 기도의 중요성은 아무리 강조해도 지나치지 않다. 그럼에도 불구하고 우리는 대부분 기도를 깊이 배우거나 체계적으로 익히는 경험 없이, 각자의 방식대로 기도하며 신앙의 길을 걷고 있다. 이는 기도를 배우고자 해도 마땅한 교재나 배움의 과정이 부족하기 때문일 것이다. 이런 상황에서 높은뜻정의교회 정재상 목사의 『기도를 살다』는 단순한 기도 안내서를 넘어, 기도를 배우고 가르치기 위한 훌륭한 교재로서의 가능성을 보여 준다. 원고를 읽으며, 깊이 있는 신학적 통찰과 실제적인 지침이 조화를 이루었다는 인상을 받았다. 이 책은 교회 내에서 목회자들이 성도들과 함께 기도의 본질을 나누고 실천하도록 돕는 '기도학교' 교재로 적극 추천할 만하다. 기도를 삶으로 살아 내고자 하는 모든 이들에게 이 책이 좋은 안내자가 되어 줄 것이라 확신한다.

김동호 에스겔 선교회 대표

이 책은 영성과 지성을 겸비한 중견 목회자가 쓴 기도 안내서다. 일선 목회자이면서도 부단히 신학 공부, 기도, 영성 수련에 매진해 온 저자가, 성경 인물들의 기도와 영적 분투를 세밀하게 들여다본 흔적이 이 책에 고스란히 담겨 있다. 이 책을 강력하게 추천하는 이유는 세 가지다. 첫째, 이 책이 철저히 성경 본문에 기반하면서도 신학적으로 깊이 있는 기도 안내서이기 때문이다. 단순히 기도에 대해 말하는 데 그치지 않고, 신구약 속 기도들의 흐름과 맥락을 정교하게 짚어 준다. 둘째, 실제 기도 생활에 적용할 수 있도록 구성되어 있기 때문이다. 저자는 기도를 시작하기 어려운 이들, 지속하기 어려운 이들, 심지어 기도의 유익을 의심하는 이들까지 다양하게 염두에 두고, 독자들이 직접 기도에 뛰어들 수 있도록 실질적인 도움을 제공한다. 셋째, 기도에 얽힌 사람들의 구체적인 사례를 통해 독자들에게 기도하고 싶은 마음이 들게 하기 때문이다. 스물세 장 곳곳에서, 기도에 몰입하지 못하는 연약한 신자들의 처지를 안타까워하며 그들을 돕고자 하는 목회자의 따뜻한 마음이 묻어난다. 기도의 기초, 기도의 시작, 기도의 성장, 기도의 회복, 기도의 성숙, 기도의 완성으로 이어지는 이 책의 대단원은 23장의 주기도문 강해에 있다. 저자는 기도가 본질적으로 우리의 필요를 구하는 것을 넘어, 하나님 나라와 그 의를 향한 공공선 창조의 예전임을 강조한다. 아무리 은밀하고 사적인 기도라고 할지라도 그 궁극적 열매는 하나님 나라와 그 의의 추구와 실현에 있다. 이런 점에서 이 책은 토니 캠폴로와 매리 앨버트 달링의 『친밀하신 하나님, 행동하시는 하나님』을 떠올리게 하는 귀한 기도 양서다.

김회권 숭실대학교 기독교학과 교수

기도에 대해 설명하는 책은 많지만, 기도를 '살아 낸' 사람들의 이야기를 엮은 책은 흔치 않다. 『기도를 살다』는 기도라는 주제를 성경 인물들의 삶에 녹여 풀어 낸, 신학적 깊이와 실천적 감동이 어우러진 작품이다. 이 책은 단순히 기도의 기술이나 형식만을 다루지 않는다. 오히려 다양한 믿음의 자리에서 신앙의 벗들과 함께 기도해 온 저자의 목회적 경험 위에 성경 인물들의 기도를 투영해 오늘을 살아가는 우리에게 기도의 본질을 다시 일깨운다. 기도는 하나님의 뜻을 발견하고 순종해 가는 믿음의 여정이며, 결국 하나님과 인격적인 관계를 형성해 가는 삶 그 자체다. 『기도를 살다』는 기도를 더 이상 '해야 할 일'이 아닌 '살고 싶은 삶'으로 새롭게 바라보게 한다. 기도에 대한 신학적 통찰과 실천적 지혜를 균형 있게 담아 낸 이 책은, 이제 막 기도의 자리에 발을 디딘 독자들은 기도의 참된 의미와 능력을 발견하게 하고, 이미 깊은 기도의 자리에서 하나님과 교제하는 이들은 더 넓고 깊은 기도의 차원으로 초대할 것이다. 성경적인 기도로 시작된 삶이 얼마나 아름답고 풍성하게 펼쳐질 수 있는지를 이 책을 통해 직접 경험해 보기를 권한다.

김경진 소망교회 담임목사

영성 신학을 전공한 저자는 여러 해 동안 교우들의 영적 생활을 지도한 경험과 통찰을 바탕으로 친절하고 유익한 기도 안내서를 썼다. 저자는 기도에 관해 자신이 받아온 다양한 질문과 고민을 소개하며, 자상한 멘토처럼 하나하나 성실히 답한다. 독자는 그 과정을 통해 저자의 따뜻한 돌봄을 느끼게 되는데, 이는 저자 자신이 기도의 자리에서 그리스도께 돌봄을 받았기 때문이다. 그래서인지 책을 읽다 보면 자연스럽게 기도에 관한 이해뿐 아니라, 기도의 대상이신 하나님에 관한 이해가 깊어지는 경험을 하게 된다. 그리고 하나님에 대한 지식이 성장할수록 기도도 함께 성숙해진다. 이것이 이 책의 탁월한 점이다. 저자는 따뜻한 마음으로, 기도에 서툴고 믿음이 흔들리는 사람들을 기도의 자리로 초대한다. 또한 기도하는 기쁨과 영광을 회복할 수 있도록 격려한다. 결국 독자는 기도하는 사람, 하나님 앞에 머무는 사람이야말로 가장 행복한 사람임을 확신하게 될 것이다. 이 책을 강력히 추천한다.

조장호 미국 베일러 대학 트루엣 신학교 조직신학

기도를 살다

기도를 살다

초판 1쇄 • 2025년 5월 20일

지은이 • 정재상
펴낸이 • 신은철
펴낸곳 • 좋은씨앗
출판등록 • 제4-385호(1999. 12. 21)
주소 • 서울시 서초구 바우뫼로 156, 402호
영업부 • TEL (02)2057-3041 FAX (02)2057-3042
대표메일 • good-seed21@hanmail.net
페이스북 • www.facebook.com/goodseedbook

ISBN 978-89-5874-417-7   03230

ⓒ 정재상 2025

이 책의 저작권은 저자 및 저자와 독점계약한 도서출판 좋은씨앗에 있습니다.
신저작권법에 의하여 보호받는 저작물이므로 무단 전재와 무단 복제를 금합니다.

기도 안의 삶, 삶 속의 기도
기도를 살다
정재상 지음

좋은씨앗

들어가는 글 11

1부. 기도의 기초 : 하나님을 아는 지식

1장. 나는 어떤 하나님께 기도하는가? 19
　　솔로몬의 기도(1)

2장. 하나님을 응답받는 기도 29
　　아브라함의 기도

3장. 하나님의 명예를 위하여 43
　　히스기야의 기도(1)

4장. 하나님을 알고 나를 알 때 53
　　느헤미야의 기도(1)

2부. 기도의 시작 : 간구 기도

5장. 중단했던 기도를 다시 시작하다 65
　　야베스의 기도

6장. 내가 네게 무엇을 줄꼬 77
　　솔로몬의 기도(2)

7장. 삶의 이유를 찾고 싶을 때 88
　　한나의 기도

8장. 하나님께 달린 기도 101
　　엘리야의 기도

3부. 기도의 성장 : 사귐의 기도

9장. 어떻게 기도해야 할지 모를 때 115
　　병든 아들을 둔 아버지의 기도

10장. 사는 것이 힘들 때 128
　　히스기야의 기도(2)

11장. 하나님이 거절하실 때 140
　　가나안 여인의 기도

12장. 하나님이 설득하실 때 150
　　요나의 기도

13장. 하나님이 나를 버리신 것 같을 때 161
　　욥의 기도

4부. 기도의 회복 : 회개 기도

14장. 열린 미래와 닫힌 미래 ·············· 175
　　　다윗의 기도

15장. 하나님의 긍휼을 의지하다 ·············· 185
　　　다니엘의 기도

16장. 회개의 완성자이신 하나님 ·············· 195
　　　에스라의 기도

17장. 더 큰 갈망을 구하는 기도 ·············· 207
　　　느헤미야의 기도(2)

5부. 기도의 성숙 : 분별, 중보, 찬양, 거듭남

18장. 하나님의 뜻을 껴안다 ·············· 219
　　　하박국의 기도

19장. 이웃 사랑으로 하나님의 얼굴을 보다 ·············· 230
　　　모세의 기도

20장. 하나님을 자랑하다 ·············· 241
　　　여호사밧의 기도

21장. 하나님 안에서 새로워지다 ·············· 252
　　　야곱의 기도

6부. 기도의 완성 : 하나님

22장. 성막 기도 ·············· 267
23장. 예수님이 가르쳐 주신 기도 ·············· 275

23가지 질문과 답변으로 기도 살아 보기 ·············· 287
참고 도서 ·············· 291
미주 ·············· 294

들어가는 글

우리는 삶이 평탄할 때보다 힘들고 어려울 때 기도하곤 합니다. 그래도 괜찮습니다. 하나님은 우리의 어떠함이 아니라 하나님의 선하심 때문에 은혜를 베푸시기 때문입니다.

아우구스티누스는 어떤 대상을 그 자체로 즐거워하는 것을 '향유', 자신의 유익을 위해 이용하는 것을 '사용'이라 했습니다. 죄란 향유할 대상을 사용하고, 사용할 대상을 향유하는 것입니다. 기도를 처음 시작하는 사람들은 자신이 원하는 것을 얻기 위해 하나님을 '사용'합니다. 그러나 기도하고 응답받는 것을 반복하다 보면 결국 하나님만을 '향유'하며 기도하는 순간이 옵니다. 그때 기도는 삶의 일부가 아닌 삶 전체가 됩니다.

기도는 하나님과의 인격적인 관계입니다. 어린 아이가 성장해 어른이 되듯 우리의 기도 역시 점점 자라나 하나님께 다다릅니다. 그래서 기도를 소개하는 이 책을 하나님과의 관계가 싹트고 자라는 과정을 따라 구성했습니다. 하나님과의 관계의 기초는 하나님을 아는 것입니다(1부). 하나님과의 관계는 간구함으로 시작됩니다(2부). 하나님과의 사귐 속에서 하나님과의 관계가 성장합니다(3부). 하나님과 멀어졌을 때 그 관계는 회개로 회복됩니다(4부). 하나님과의 관계가 성숙할수록 분별, 중보, 찬양, 거듭남을 경험합니다(5부). 하나님과의 관계를 완성하시는 분은 우리가 아닌 하나님이십니다(6부).

이 책은 기도에 어려움을 느끼는 모든 사람을 위한 안내서입니다. 처음 기도를 시작하는 분들, 기도의 방향을 잃은 분들, 더 깊은 기도의 삶을 갈망하는 분들 모두에게 실질적인 도움이 될 것입니다. 특별히 이 책에 등장하는 열여덟 명의 성경 인물들이 각자 처한 삶의 현장에서 어떠한 기도를 드렸는지 배울 수 있을 것입니다. 그들의 기도는 우리에게 '어떻게 기도해야 하는가'에 대한 살아 있는 모델을 제시합니다.

이 책의 구성 - 기도의 인생

1부 | 누구든지 하나님을 아는 만큼 하나님께 기도할 수 있습니다. 기도자의 기도는 자신이 갖고 있는 하나님에 대한 이미지를 넘어서지 못합니다. 기도를 계속하는 한 하나님을 더 깊이 알게 되고, 하나님을 아는 만큼 기도의 반경도 넓어집니다.

2부 | 기도는 하나님을 의지하는 것입니다. 하나님을 의지할 때 하나님께 구하게 되기에 간구 기도는 결코 수준 낮은 기도가 아닙니다.

3부 | 기도가 성장할수록 기도는 기도자 마음대로 흐르지 않고 하나님의 뜻에 이끌리게 됩니다.

4부 | 그리스도인은 씻지 않아도 되는 사람들이 아니라 계속 씻을 수 있

게 된 사람들입니다. 죄의 지배 아래 살지 않고 하나님의 용서를 누리며 결국 죄보다 하나님을 더 사랑하게 됩니다. 회개가 하나님께 달렸기에 다시 아버지께 돌아가는 자녀의 발걸음은 가볍습니다.

5부 | 성숙은 자기중심성을 넘어서는 길입니다. 장성한 사람은 분별하고 중보하며 찬양하고 새로워집니다. 모세가 하나님의 얼굴을 보았던 자리는 중보의 자리였습니다. 우리는 시편 1편의 '율법에 순종하는 자녀'에 머물러 있기보다 시편 150편처럼 하나님을 높이며 찬양하는 성숙의 자리로 초대받았습니다.

6부 | 하나님과의 관계를 완성하시는 분은 하나님이십니다. 하나님은 구약에서는 성막을 통해, 신약에서는 예수 그리스도를 통해 당신 자신을 주셨습니다. 우리가 기도할 때 하나님은 가장 소중한 하나님 자신을 주십니다.

이 책 사용법

각 장은 내용을 더 깊이 이해하고 실천할 수 있도록 다양한 보조 자료를 담고 있습니다. 〈책갈피〉를 통해 책 전체에서 연관된 내용들을 서로 연결해 주제에 대한 통합적 이해를 도왔으며, 〈핵심 내용〉을 통해 해당 장의 요점을 한눈에 파악하게 했습니다.

모든 장 마지막에 〈기도 살아가기〉 코너가 마련되어 있습니다. 이 코너에는 세 가지 요소가 포함되어 있습니다. 독자들은 〈기도 돌아보기〉

를 통해 자신의 기도 생활을 돌아보고, 〈영적 지도〉를 통해 앞으로의 기도 방향을 잡을 수 있습니다. 마지막으로 〈더 읽어 볼 책〉에서는 더 깊은 학습을 위한 관련 도서를 소개했습니다. 시간이 제한적인 독자라면, 먼저 23개의 〈기도 살아가기〉 코너를 훑어보고 마음에 와 닿는 내용이 있는 장을 집중적으로 읽어도 좋습니다.

이 책 말미에는 〈23가지 질문과 답변으로 기도 살아 보기〉 코너가 있습니다. 이는 제가 오랜 목회 현장에서 실제로 만난 성도님들의 질문과 그에 대한 응답을 정리한 것입니다. "기도해도 응답이 없을 때는 어떻게 해야 하나요?" "다른 사람을 위한 중보 기도는 어떻게 하는 것이 좋을까요?" "어차피 하나님 뜻대로 될 텐데 왜 기도해야 하나요?" 등 기도 생활에서 흔히 마주치는 고민들에 대한 실질적인 지혜를 담았습니다. 각 질문은 책의 본문 내용과 연결되어 있으니, 더 깊이 알고 싶은 주제가 있다면 관련 장을 찾아 읽어도 좋습니다.

『기도를 살다』는 성경 인물들의 삶에 나타난 기도일 뿐만 아니라, 제가 목회했던 영광의교회, 소망교회, 주님의교회, 높은뜻정의교회 성도님들과 함께 기도하고 응답받으며 결실한 결과물입니다. 하나님은 교회를 통해 역사하시며 성도의 기도에 응답하심으로 온 땅을 다스리십니다. 그것을 증거할 수 있도록 무명의 저자에게 책을 출간하게 도와주신 좋은씨앗 출판사에게 감사드립니다. 골방이 아닌 일상에서 기도를 살아내신 아버님, 삶의 방식 자체가 기도이신 어머님은 제 기도의 스승이십니다. 평생의 기도 동역자요, 최고의 중보자인 사랑하는 아내에게도 감사와 존경의 마음을 전합니다. 지난 8년 동안 한결 같은 사랑과 지지로 함께해 주신 높은뜻정의교회 성도님들께 변함없는 사랑과 경의를 표합니다.

이제 우리의 양손에 하나님과 성경 인물들의 손을 붙잡고 기도를 살아가 봅시다. 기도가 삶이 되는 그 순간까지…

2025년 안식년에
정재상

1부

기도의 기초
-하나님을 아는 지식-

기도의 기초는
하나님을 아는 것입니다
하나님이 기도를 듣고 응답하는 분이심을 알 때
비로소 기도할 수 있습니다.

우리는 하나님을 아는 만큼 기도할 수 있습니다.
하나님을 잘못 알 때 기도가 엇나가게 되고
하나님을 잘 알 때 올바른 기도를 드릴 수 있습니다.

그러나 염려하지 마십시오.
기도를 하면 할수록 하나님을 더욱 잘 알게 되고
하나님을 알면 알수록 더욱 기도하게 되기 때문입니다.

1 나는 어떤 하나님께 기도하는가?

솔로몬의 기도(1)

> 주는 하늘에서 들으시고 행하시되
> 주의 종들을 심판하사 악한 자의 죄를 정하여
> 그 행위대로 그 머리에 돌리시고
> 의로운 자를 의롭다 하사
> 그의 의로운 바대로 갚으소서.
> 열왕기상 8:32

하나님에 대한 이미지와 기도

우리가 드리는 기도의 내용은 우리가 하나님을 어떻게 인식하느냐에 따라 크게 달라집니다. 즉, '하나님을 어떤 분으로 알고 있는가'가 우리의 기도에 결정적인 영향을 미친다는 것입니다. 예를 들어, 종교개혁자 마틴 루터는 어린 시절 매우 엄격한 아버지 밑에서 자랐습니다.[1] 그는 훗날 자신이 하나님을 두려운 분으로 인식했던 이유가 어린 시절 아버지에게서 받은 영향 때문이었다고 고백했습니다. 실제로 육신의 아버지와 관계가 좋지 않은 성도들은 종종 하나님을 '하나님 아버지'라고 부르지 않고 단순히 '하나님'이라고 부르며 기도합니다. 그 이유는 육신의 아버지에 대한 부정적인 이미지가 하나님과 친밀한 관계를 맺는 데 걸림돌이 되기 때문입니다.

반대로, 육신의 아버지에 대한 이미지가 하나님 아버지와의 교제에 긍정적인 영향을 미치는 경우도 있습니다. 제 친구는 어릴 때 어떤 실수를 저질러도 아버지가 너그럽게 용서해 주셨다고 합니다. 덕분에 그는 하나님 아버지께 죄 용서를 구하는 기도를 드리는 데 거리낌이 없었습니다.

사람은 누구나 자기 아버지를 어떻게 인식하느냐에 따라, 아버지와 만났을 때 어떤 대화가 오갈지 예상할 수 있습니다. 예를 들어, 경상도가 고향인 아버지라면, "왔나? 밥 묵자, 자자" 하면서 반가워하실 거라고 생각할 수 있겠지요. 마찬가지로 내가 하나님을 어떤 분으로 알고 있느냐에 따라, 내가 드리는 기도의 내용도 자연스럽게 달라집니다. 나의 기도는 내가 하나님을 어떤 분으로 인식하는지에 따라 결정되기 때문입니다. 그러면 성경은 하나님을 어떤 분으로 소개하고 있을까요?

하나님의 두 가지 이미지

다음 그림은 동방정교회의 이콘으로, 하나님이 어떤 분이신지 잘 보여줍니다.[2] 코를 기준으로 오른쪽 얼굴을 가리고 왼쪽 얼굴을 보면 다소 엄격한 하나님의 얼굴이 보입니다. 이는 '공의의 하나님'을 상징합니다. 반대로 코를 기준으로 왼쪽 얼굴을 가리면 따스한 표정의 '사랑의 하나님'이 드러납니다. 신구약 성경은 하나님을 사랑과 공의, 두 가지 속성을 모두 가지신 분으로 계시하는데, 이 이콘은 그러한 하나님의 속성을 한 장의 그림에 잘 담아 내고 있습니다.

사실 하나님의 속성인 사랑과 공의는 분리될 수 없는 하나의 속성입니다. 마치 손바닥의 앞뒤를 나눌 수 없는 것처럼, 하나님의 사랑과 공의는 하나로 연결되어 있습니다. 그러나 연약한 인간이 하나님의 이 두 가지 속성을 동시에 균형 있게 경험하기는 어렵습니다. 그래서 어떤 사람은 하나님의 사랑을 먼저 비중 있게 경험하고, 또 어떤 사람은 하나님의 공의를 더 많이 경험합니다. 여러분은 지금까지 하나님의 어떤 속성을 더 많이 경험했습니까? 만일 하나님의 사랑을 많이 경험했다면 앞으로는 하나님의 공의를 더 알아 가야 할 것입니다. 반대로, 하나님의 공의를 먼저 경험했다면, 앞으로는 하나님의 사랑을 더 알아 가야 할

공의의 하나님

사랑의 하나님

https://icons.pstgu.ru/icon/2036

것입니다.[3]

그러면 열왕기서에 기록된 솔로몬의 기도를 읽는 독자들은 어떤 영적 상태에 있었으며, 어떤 하나님을 만나야 했을까요?

솔로몬, 공의의 하나님께 기도하다

솔로몬은 혹여 이스라엘 백성이 죄를 저지르더라도 죄에서 돌이키고 회개하면 용서해 달라고 기도했습니다(왕상 8:32-50).[4] 즉, 사랑의 하나님께 무조건적 은혜를 구한 것이 아니라, 공의의 하나님께 조건적인 은혜를 구한 것입니다. 하나님은 그런 솔로몬의 기도에 어떻게 응답하셨을까요?

> 만일 너희나 너희의 자손이 아주 돌아서서 나를 따르지 아니하며 내가 너희 앞에 둔 나의 계명과 법도를 지키지 아니하고 가서 다른 신을 섬겨 그것을 경배하면 내가 이스라엘을 내가 그들에게 준 땅에서 끊어 버릴 것이요 내 이름을 위하여 내가 거룩하게 구별한 이 성전이라도 내 앞에서 던져버리리니. (왕상 9:6-7)

하나님은 이렇게 말씀하신 셈입니다. "솔로몬아, 네가 지금 나에게 성전을 지어 바치며 은혜를 구하고 있지만, 나의 계명에 순종하지 않고 다른 신을 섬기면 내가 너희에게 준 땅에서 너희를 끊어 버릴 것이고, 네가 세운 성전조차 내던져 버릴 것이다."

이 응답이 중요한 이유는 이것이 열왕기서를 읽는 독자들이 처한 현실과 직결되기 때문입니다. 열왕기서는 바벨론에서 포로 생활을 하던 이스라엘 백성들의 신앙을 변화시키기 위해 쓴 책입니다. 그들은 사랑의 하나님이 무조건적인 은혜를 주실 것이라는 안일한 기대 속에서 불순종을 거듭했고, 그 결과 바벨론에 포로로 잡혀가게 되었습니다. 그렇다면, 그들이 하나님께 다시 돌아가는 길은 무엇이었을까요? 당연히 율법에 순종함으로 회복의 길로 돌아가는 것이었습니다.

열왕기서의 주제는 이스라엘 백성이 자신들의 실패의 원인을 하나님 탓으로 돌리지 않고, 자신들 탓이라고 시인해야 한다는 것입니다. 그들은 자신의 죄를 인정하고 회개해야 했습니다. 이제 이 말씀을 나의 삶에 적용해 봅시다. 내가 처한 곤란한 상황에 대해 하나님을 원망하기보다는 나 자신의 부족함을 돌아보면 어떨까요? 하나님의 사랑에만 기대어 위로받으려 하기보다, 공의의 하나님이 주시는 도전에도 책임 있게 응답할 때, 비로소 진정한 회복과 성장이 시작될 것입니다.

책갈피
23장. 예수님이 가르쳐 주신 기도 "기도의 시작 : 하늘에 계신 우리 아버지"에서는 하나님의 초월성과 내재성을 다룬다(277쪽). 본 장에서 다룬 하나님의 사랑과 공의를 이와 비교해 보고, 기도할 때 하나님의 속성을 균형 있게 이해하는 것의 중요성을 생각해 보라.

하나님의 사랑 = 하나님의 공의

어느 신실한 그리스도인 부부가 아이를 입양했습니다. 그런데 자신이 낳은 아이가 아니다 보니 혹여나 상처를 줄까 염려되어, 아이가 잘못을 해도 꾸중하지 않고 키웠습니다. 하지만 시간이 흐를수록 아이의 성격이 점점 나빠졌습니다. 부부는 교육학을 공부하며 중요한 사실을 깨달았습니다. 어린 아이들은 잘했을 때 칭찬을 받고, 잘못했을 때 꾸중을 들어야 부모의 사랑을 느낀다는 것입니다. 아이 입장에서 잘못을 저질렀는데도 부모가 아무 말 없이 넘어가면, 오히려 혼란과 불안을 느낀다는 겁니다. 잘했을 때나 잘못했을 때나 사랑만을 베푼다면, 사랑은 더 이상 사랑이 되지 못합니다. 마찬가지로, 잘했을 때도 책망하고 못했을 때도 책망한다면, 공의 역시 더 이상 공의가 되지 못합니다.

그래서 하나님은 이스라엘이 순종할 때는 사랑의 하나님으로 나타나셔서 무조건적인 사랑으로 위로하시고, 이스라엘이 불순종할 때는 공의의 하나님으로 나타나셔서 책망하시며 그들을 바른 길로 이끄셨습니다. 이것이 바로 하나님의 사랑이자 공의이며, 두 가지는 결국 하나입니다.

성경과 교회의 역사를 돌아보면, 사랑의 하나님과 무조건적인 은혜가 강조될 때도 있었고, 공의의 하나님과 조건적인 은혜가 강조될 때도 있었습니다. 하나님은 이 긴장 관계를 통해 인간이 하나님과 바른 관계를 맺도록 인도하신 것입니다. 우리 개개인도 사랑의 하나님을 통해 무조건적인 은혜로 위로받아야 할 때도 있지만, 공의의 하나님을 통해 조건적인 은혜로 도전받아야 할 때도 있습니다.

현재 나의 영적 상태는 사랑의 하나님께 나아가 무조건적인 은혜로 위로를 받아야 합니까? 아니면 공의의 하나님께 나아가 조건적 은혜로 도전을 받아야 합니까? 참된 신앙을 위해서는 사랑의 하나님이 주시는 위로도, 공의의 하나님이 주시는 도전도 모두 필요합니다. 사랑과 공의가 균형을 이룰 때, 우리는 하나님과 올바른 관계를 맺게 됩니다.

공의의 하나님께 순종하는 믿음

솔로몬이 하나님께 아름다운 성전을 지어 바쳤지만, 하나님은 그것이 순종을 대신할 수 없다고 말씀하셨습니다(왕상 9:6-7). 봉사와 섬김, 헌금을 드리는 것 자체가 하나님의 말씀에 순종하는 것을 대신할 수는 없다는 의미입니다. 우리가 신앙 생활을 하며 다양한 헌신을 할 수 있지만, 그것이 하나님의 말씀에 대한 순종을 면제해 주는 것은 아닙니다.

이러한 원리는 복음서에서도 발견할 수 있습니다. 예수님은 무조건적인 사랑을 베푸시는 순간에도 순종을 요구하셨습니다. 38년 된 병자에게는 "네 자리를 들고 걸어가라"(요 5:8), 간음한 여인에게는 "나도 너를 정죄하지 아니하노니 가서 다시는 죄를 범하지 말라"(요 8:11), 날 때부터 소경된 자에게는 "실로암 못에 가서 씻으라"(요 9:7)고 하셨습니다.

이스라엘 백성은 하나님을 사랑의 하나님으로만 인식하고 무조건적인 은혜와 위로만을 구하다 하나님의 율법에 순종하지 못했기 때문에 그만 바벨론의 포로로 붙잡혀 가고 말았습니다. 그들은 바벨론에서 포로 생활을 하며, 하나님이 사랑의 하나님이실 뿐만 아니라 공의의 하나님이심을 깨닫게 되었습니다. 그리고 공의의 하나님이 요구하시는 율법에 순종함으로 비로소 하나님과의 관계를 회복할 수 있었습니다.

이처럼 우리 삶의 회복은 하나님을 바로 아는 데서부터 시작됩니다. 만일 지금까지 사랑의 하나님을 깊이 경험해 왔다면, 앞으로는 공의의 하나님을 알아 가며 조건적 은혜의 도전에 응답하며 하나님께 순종할 수 있어야 합니다. 또한 지금까지 공의의 하나님을 만나 조건적 은혜와 도전에만 집중해 왔다면 앞으로는 사랑의 하나님을 알아 가며 무조건적 은혜와 위로를 누릴 수 있어야 합니다.

하나님과의 관계가 발전할 때 삶이 변화된다

흥미롭게도 하나님과의 관계는 이웃과의 관계에도 영향을 미칩니다. K 집사님은 교회에서 언제나 힘든 봉사를 도맡아 했습니다. 그런데 집사님은 자신만 봉사하는 것이 아니라 남편과 아들에게도 여러 봉사를 권했습니다. "여보, 찬양대만 할 게 아니라 주차 봉사도 하세요." "아들아, 너는 교사만 하지 말고 청년부 찬양팀도 하렴."

저는 집사님께 물었습니다. "집사님, 왜 그렇게 힘든 봉사를 도맡아 하십니까?" 그러자 뜻밖의 답변이 돌아왔습니다. "그래야 하나님이 기뻐하실 테니까요." 그러다 언제부터인가 신앙이 성숙해지면서 집사님은 하나님의 풍성한 사랑을 경험하게 되었습니다. 이제 누가 편해졌을까요? 남편과 아들이 편해졌습니다. 하나님의 무조건인 사랑을 알게 되었기 때문입니다. "여보, 우리가 봉사를 많이 해야만 하나님이 우리를 사랑하시는 게 아니라는 걸 알았어요." "아들아, 하나님이 우리를 있는 그대로도 사랑하신단다." 집사님은 사랑의 하나님과 사귐을 가지면서 대인관계에서도 조건적이 아닌 무조건적 사랑을 나누게 되었습니다. 우리가 그리스도인으로서 변화된 삶을 살 수 있는 것은 그리스도인답게 살겠다고 결단해서가 아니라 하나님과의 관계가 발전하기 때문입니다.

나는 어떤 하나님께 기도하고 있습니까? 내가 갖고 있는 하나님에 대한 이미지는 사랑의 하나님과 공의의 하나님 중 어느 쪽에 더 큰 비중을 두고 있습니까?

> 핵심 내용
>
> - 나의 기도는 내가 하나님을 어떻게 인식하느냐에 따라 결정된다.
> - 성경은 하나님을 사랑과 공의, 두 가지 속성을 모두 가지신 분으로 소개한다.
> - 하나님의 사랑을 많이 경험했다면 앞으로는 하나님의 공의를 알아 가야 하고, 하나님의 공의를 먼저 경험했다면 하나님의 사랑을 더 알아 가야 한다.
> - 성경은 사랑의 하나님이 주시는 무조건적 은혜와 공의의 하나님이 주시는 조건적 은혜 사이의 긴장 관계를 통해 우리가 하나님과 바른 관계를 맺도록 인도한다.

기도 살아가기 ①

나의 기도 돌아보기
- 현재 나는 사랑의 하나님을 만나 무조건적인 은혜로 위로를 받아야 하는 상태인가? 아니면 공의의 하나님을 만나 조건적인 은혜로 도전을 받아야 하는 상태인가?

영적 지도
- 사랑의 하나님과 공의의 하나님 앞에서 기도해 본 후에 어떤 하나님 앞에서 더 활발하게 기도했는지 돌아보라.

- 상대적으로 활발하게 기도하지 못한 하나님의 이미지 앞에서 충분히 머무르며 기도해 보라.

- 예전에는 하지 못했던 기도가 있다면 아래에 적어 보라.

더 읽어 볼 책
- 데니스 린 외, 『우리의 하나님 이미지 치유하기』(은성).
- 김영선, 『기도로 신학하기, 신학으로 기도하기』(생활성서).

2 하나님을 응답받는 기도

아브라함의 기도

> 주께서 이같이 하사
> 의인을 악인과 함께 죽이심은 부당하오며
> 의인과 악인을 같이 하심도 부당하니이다.
> 세상을 심판하시는 이가
> 정의를 행하실 것이 아니니이까?
> 창세기 18:25

나의 하나님은 어떤 분이신가?

어느 해 여름, 장마 전선이 한반도로 북상하고 있을 때였습니다. A 형제는 자신이 사는 아파트 옥상에 올라가 하나님께 간절히 기도했습니다. 청년부 회장인 그는 여름 수련회 기간 내내 비가 내리면 일정에 차질이 생길 것을 염려하며 하나님께 은혜를 구했습니다. A 형제는 하나님을 어떤 분으로 생각했기에 이렇게 기도할 수 있었을까요?

반면, B 자매는 하나님께 자신의 필요를 구하는 것을 어려워했습니다. 자신이 왜 이런 어려움을 겪는지 고민하던 중에 문득 어린 시절 기억이 떠올랐습니다. 안타깝게도 그녀의 부모님은 경제적으로 무능력했습니다. 그래서 B 자매는 무언가 필요할 때 부모님께 의지하기보다는 스스로 해결해야 했습니다. 성장 과정 내내 아르바이트를 하며 생계를 유지해야 했던 경험이 쌓이면서, 그녀는 하나님과의 관계에서도 기도하며 하나님을 의지하기보다는 자신의 힘으로 살아가는 데 익숙해졌습니다.

하나님과의 관계는 인간관계에도 영향을 미칩니다. B 자매는 누군가에게 무엇인가 부탁하거나 도움을 요청하는 것도 무척 어색해했습니다. 그러나 오랜 시간에 걸쳐 하나님을 점점 더 알아가면서 결국 하나님께 의지하는 법을 배웠고, 사람들에게도 도움을 요청할 수 있게 되었습니다.

A 형제가 하나님께 장마로 인해 수련회가 지장받지 않게 해 달라고 기도할 수 있었던 것은 그가 하나님을 전능하시며 사랑으로 돌보시는 분으로 인식했기 때문이었습니다. 반면, 어릴 적부터 경제적으로 자립해야 했던 B 자매는 하나님이 자신의 필요를 채우시는 분임을 알기까지 시간이 필요했습니다.

이처럼 하나님에 대한 이해는 기도에 영향을 미칩니다. 하나님을 잘못 이해하면 나의 기도도 제한될 수 있지만, 하나님이 어떤 분인지 잘 알면 올바른 기도를 드릴 수 있습니다. 그러나 아직 하나님을 충분히 알지 못한다고 하더라도 염려하지 마십시오. 기도하면 할수록 하나님을 더 잘 알 수 있기 때문입니다.

아브라함의 하나님 오해와 이해

창세기 18장은 아브라함이 하나님을 오해하는 과정과 그 오해를 이해로 바꾸어 가는 과정을 보여 줍니다. 소돔과 고모라가 죄로 인해 타락하자 하나님은 이 성읍을 멸망시키려 하셨습니다. 그러나 아브라함은 소돔과 고모라를 사랑했습니다. 소돔과 고모라가 위기에 처했을 때, 318명의 부하들과 함께 도왔으며, 무엇보다 그곳에 아브라함의 조카 롯과 친척들이 살고 있었기 때문입니다.

그래서 아브라함은 하나님께 간절히 간구했습니다. 비록 소돔과 고모라가 멸망받을 만한 죄악 가운데 있었지만, 그 안에 있는 무고한 의인들까지 함께 멸망당해서는 안 된다고 생각했던 것입니다. 흥미롭게도 아브라함과 하나님의 대화는 '대립'과 '협상' 형태로 전개됩니다(창 18:23-32). 여러분은 하나님과 대립하고 협상할 수 있다고 생각합니까? 아브라함은 어떻게 이런 대화를 할 수 있었을까요?

우선 아브라함은 하나님이 전능하시며 소돔과 고모라를 단번에 멸망시키실 수 있는 분임을 알고 있었습니다. 그는 이렇게 인정했습니다. "그래, 하나님은 유황과 불을 비처럼 내리셔서 소돔과 고모라를 단번에 멸망시킬 능력이 있는 분이시다." 그와 동시에 하나님에 대해 잘못 알고 있는 부분도 있었습니다. 그는 마치 하나님이 아무런 기준도 없이 의인을 악인과 함께 멸하시는 분이라고 오해했습니다. 그러면 아브라함은 어떻게 하나님께 대한 오해를 이해로 바꾸어 갔을까요?

더 사랑하는 자가 더 약해진다

영어 단어 중에 'vulnerable'이라는 단어가 있습니다. 이 단어는 '연약할 뿐만 아니라 스스로 보호할 수 없어서 상처받기 쉬운' 상태를 뜻합니다. C. S. 루이스는 이 단어를 사용해 사랑에 대해 다음과 같이 설명합니다. "만일 당신이 누군가를 사랑하면 상처받기 쉬운 상태(vulnerable)가 될 것이다."⁵ 왜 그럴까요? 더 사랑하는 사람이 상대에게 더 약해지기 때문입니다. 아브라함과 하나님의 대화를 들여다보면 누가 누구를 더 사랑하는지, 그래서 누가 누구에게 더 약한지 알 수 있습니다.

아브라함 : 하나님, 의인 오십 명이 있으면 멸하지 않으시겠지요?
하나님　 : 그래, 멸하지 않으마.
아브라함 : 사십오 명만 있어도요?
하나님　 : 그럼.
아브라함 : 사십 명밖에 없다면요?
하나님　 : 그래도 멸하지 않으마.
아브라함 : 삼십 명만 있어도 멸하시면 안 됩니다.
하나님　 : 알겠다.
아브라함 : 이십 명만 있어도요?
하나님　 : 그럼.
아브라함 : 단 열 명만 있어도요?
하나님　 : 그래, 의인 열 명만 있어도 멸하지 않으마. (참조. 창 18:23-32)

어떻습니까? 아브라함보다 하나님이 더 약하신 것처럼 보이지 않습니까? 왜 그렇습니까? 하나님이 아브라함을 더 사랑하시기 때문입니다. 그런데 흥미로운 점은, 하나님께 강하게 주장하던 아브라함도 점점 하나님께 약해지기 시작한다는 것입니다.

> 나는 티끌이나 재와 같사오나 감히 주께 아뢰나이다. (27절)
> 내 주여 노하지 마시옵고. (30절)
> 내가 감히 주께 아뢰나이다. (31절)
> 주는 노하지 마옵소서. 이번만 더 아뢰리이다. (32절)

아브라함 역시 하나님께 점점 약해지고 있습니다. 우리는 아브라함처럼 기도 중에 하나님을 사랑하게 됩니다. 동시에 기도 중에 하나님의 사랑을 받습니다. 누구든 사랑을 주고받는 상대방에게 무례하고 강하게 나가기보다, 오히려 약해지기 마련입니다. 하나님이 아브라함을 사랑하시기에 약해지시고, 아브라함 역시 하나님을 사랑하며 점점 하나님께 약해졌습니다.

> 책갈피
>
> 6장. 솔로몬의 기도 "더 사랑하는 자의 기도"를 참고해 보라(82쪽).

기도 응답에 불만이 없는 이유

그러면 아브라함은 기도 중에 어떤 응답을 받았습니까? 아브라함은 기도를 통해 하나님을 이전보다 더욱 잘 알게 되는 응답을 받습니다. 그는 어떤 하나님을 알게 되었습니까? 아브라함과 하나님의 대화 속에서 하나님의 대답만 따로 떼어 보면 이렇습니다.

의인 오십 명을 찾으면 용서하리라.
사십오 명을 찾으면 멸하지 아니하리라.
사십 명으로 말미암아 멸하지 아니하리라.
삼십 명을 찾으면 그리하지 아니하리라.
이십 명으로 말미암아 그리하지 아니하리라.
열 명으로 말미암아 멸하지 아니하리라.

하나님으로부터 이렇게 다섯 번의 응답을 들은 아브라함은, 하나님이 무고한 의인들을 불의한 악인들과 함께 멸망시키지 않는 정의로운 분임을 깨닫게 됩니다. 이것이 바로 아브라함이 받은 기도 응답입니다.

결국 아브라함은 'YES'와 'NO'라는 두 가지 응답을 모두 받았습니다. 'YES'는 하나님이 소돔과 고모라를 멸하실 때 조카 롯을 구원해 주신 것이었고, 'NO'는 소돔과 고모라를 결국 멸하신 것이었습니다.

아브라함은 이러한 하나님의 응답에 대해 아무런 불만이 없었습니다. 왜일까요? 하나님이 어떤 분이신지 알게 되었기 때문입니다. "아, 내가 기도 중에 만난 하나님은 정의로운 분이셨어. 그 하나님이 소돔과 고모라를 멸망시키셨다면, 소돔과 고모라가 멸망당할 만한 성읍이었기 때문이었을 거야."

기도와 응답으로 하나님을 알아 가다

프레드 크릭스(Fred Crix)는 하나님이 우리의 기도에 다섯 가지로 응답하신다고 통찰했습니다.[6] 아브라함의 생애를 살펴보면, 그 역시 이 다섯 가지 응답을 모두 경험했음을 알 수 있습니다.

그가 받은 첫 번째 기도 응답은 "그래, 그렇게 해 주마"입니다. 아브라함이 아들을 달라고 기도했을 때, 하나님은 "하늘을 우러러 뭇별을 셀 수 있나 보라 … 네 자손이 이와 같으리라"(창 15:5)고 하셨습니다. 이는 아브라함의 소망을 직접 이뤄 주시겠다는 응답이었습니다.

두 번째 기도 응답은 "안 돼"입니다. 아브라함이 아내 사라를 누이라고 속이고 아비멜렉이라는 왕에게 사라를 넘겼을 때, 하나님은 아브라함의 뜻대로 되지 않도록 막으셨습니다(창 20장).

세 번째 기도 응답은 "기다려라"입니다. 아브라함이 하갈을 통해 아들 이스마엘을 얻었을 때, 하나님은 "진정한 약속의 자녀 이삭을 줄 테니 좀 더 기다리거라"고 하셨습니다(창 17장). 이 기다림은 아브라함의 믿음을 단련하기 위한 과정이었습니다.

네 번째 기도 응답은 "그것은 네가 할 일이다"입니다. 하나님이 이삭을 주겠다고 약속하셨지만, 그 약속의 성취를 위해 아브라함은 노구를 이끌고 사라와 동침해야 했습니다(창 21:1-7).

다섯 번째 기도 응답은 "그것은 나에게 맡겨라"입니다. 하나님이 아브라함에게 아들 이삭을 바치라고 하셨을 때, 그는 이해되지 않는 상황 속에서도 잠잠히 기도하며 하나님께 모든 것을 맡겼습니다(창 22:1-8).

이렇게 다채로운 기도 응답을 통해 아브라함이 궁극적으로 얻은 것은 무엇입니까? 그것은 바로 하나님을 더 깊이 알게 되는 것이었습니다. "아, 하나님이 이런 기도는 들어주시는구나" "아, 하나님이 내 이기적인 욕망에는 '안 된다'고 거절하시는구나" "아, 하나님이 내 믿음이 성숙해지도록 기다림을 요구하시는구나" 등의 깨달음을 통해 아브라함은 하나님의 성품을 더 분명히 이해하게 되었습니다. 이렇게 하나님을 더욱 잘 알게 되면 앞으로 하나님께 어떻게 기도해야 할지도 알게 됩니다.

하나님을 응답받다

아브라함은 기도 중에 하나님께 새로운 정보를 드리고 있지 않습니다. 그저 아브라함 자신의 마음, 기분, 감정, 생각, 그리고 전 존재를 하나님께 드렸습니다. 그러자 하나님은 아브라함에게 무엇을 주십니까? 하나님 역시 아브라함에게 하나님 자신을 응답해 주십니다. 이처럼 기도란, 하나님께 나의 전 존재를 드리는 것이자, 동시에 하나님 자체를 응답받는 것입니다.

마태복음 7:7은 이렇게 말씀합니다.

> 너희가 악한 자라도 좋은 것으로 자식에게 줄 줄 알거든, 하물며 하늘에 계신 너희 아버지께서 구하는 자에게 '**좋은 것**'으로 주시지 않겠느냐? (저자 강조)

평행 본문인 누가복음 11:13에서는 "좋은 것" 대신 "성령"이라고 표현합니다. 즉, 하나님이 우리에게 주기 원하시는 가장 좋은 것은 하나님 당신이십니다.[7]

산소 마스크는 나부터

어떤 성도님의 말이 생각납니다. "저는 저 자신을 위한 기도는 잘하지 못하고, 주로 중보기도를 합니다." 이는 분명 아름다운 마음이지만, 하나님과의 관계가 친밀하지 않은 상태에서 다른 사람을 위해 중보하는 것에는 명백한 한계가 있습니다.

비행기 사고가 일어났을 때 지켜야 할 안전 수칙이 있습니다. 반드시 나부터 산소 마스크를 착용한 후 다른 사람을 돕는 것입니다. 만일 다른 사람 먼저 산소 마스크를 씌우다가 내가 먼저 산소 부족으로 의식을 잃는다면, 결국 아무도 도울 수 없게 됩니다. 마찬가지로, 내가 먼저 하나님과 바른 관계 가운데 서 있을 때 다른 사람들을 위해 제대로 중보할 수 있습니다. 창세기 18장에 나오는 아브라함의 중보 기도가 모범이 되는 이유는, 그가 소돔과 고모라를 위해 중보하기 전에 먼저 하나님과 인격적인 관계를 형성하고 있었기 때문입니다.

중보 기도는 이웃 사랑이다

중보 기도의 핵심은 이웃 사랑입니다. 아브라함은 조카 롯의 가정뿐만 아니라 조카가 살고 있는 소돔과 고모라 성읍도 귀히 여겼습니다. 따라서 아브라함의 중보 기도는 곧 이웃 사랑의 표현이었습니다.

나와 사이가 좋지 않은 사람이라도 그를 위해 중보 기도를 하다 보면 사랑하는 마음이 생긴다는 점이 신기하지 않습니까? 우리가 서로 사랑하는 가장 좋은 방법은, 서로를 위해 중보하는 것입니다. 하나님이 우리의 중보 기도를 기뻐 들으시는 이유는 우리가 서로 사랑하는 것을 기뻐하시기 때문입니다.

우리는 종종 가능한 한 많은 사람이 중보 기도를 할수록 하나님이 더 잘 들어주실 것이라고 생각합니다. 그러면 백 사람이 기도하면 더 잘 들어주시고, 열 사람이 기도하면 덜 들어주실까요? "얘야, 구십 명 더 채워 오너라. 그래야 응답해 주마"라고 하실까요? 중보 기도의 효력은 기도자의 숫자에 달려 있지 않습니다. 여러 사람이 중보 기도에 동참하는 것이 가치 있는 이유는 그것이 공동체가 서로를 사랑하는 행위이기 때문입니다.

소돔과 고모라를 위한 아브라함의 중보 기도에서 다음 세 가지 중요한 교훈을 배울 수 있습니다. 첫째, 그의 기도는 하나님과의 인격적인 관계 위에서 이루어졌습니다. 둘째, 그의 기도는 하나님을 아는 지식을 토대로 하고 있었습니다. 셋째, 그의 기도는 소돔과 고모라에 대한 진정한 관심과 사랑에서 비롯되었습니다. 따라서 우리가 좋은 중보자가 되기 위해서는 먼저 하나님과 친밀한 관계를 맺고, 하나님이 어떤 분이신지 알며, 중보의 대상을 사랑하는 마음을 품어야 합니다. 중보 기도의 목적은 어떤 성과를 내는 것이 아니라, 중보의 대상을 사랑하는 것입니다.

의인의 무게

아브라함의 중보 기도에는 심오한 신학적 통찰이 담겨 있습니다. 그는 하나님께 단 열 명의 의인이라도 소돔과 고모라에 있다면 그들을 봐서라도 도시 전체를 구원해 달라고 간구했습니다. 이는 '한 사람의 선한 삶이 많은 이들의 구원을 위한 토대가 될 수 있다'는 놀라운 신학적 원리를 보여 줍니다. 이러한 통찰은 예수 그리스도, 곧 유일하게 의로우신 분으로 말미암아 모두가 구원받는 진리를 예표합니다. 즉, 의인의 무게가 죄인들의 무게를 능가한다는 진리입니다.[8]

역사를 다룬 한국 영화가 많습니다. 〈암살〉, 〈인천 상륙 작전〉, 〈덕혜옹주〉, 〈봉오동전투〉 등 역사물에서는 비록 나라를 구하려고 했던 의인들은 소수였으나 그들의 헌신과 희생은 엄청난 무게를 지녔다는 점을 극적으로 보여 줍니다. 2019년 개봉된 영화 〈봉오동전투〉에는 황해철이라는 실존 인물이 등장합니다. 그는 총보다는 칼로 일본군을 제압했습니다. 그런데 그의 칼에는 다음과 같은 글귀가 새겨져 있었습니다.

人固有一死 或重於太山 或輕於鴻毛 用之所趣異也
(인고유일사 혹중어태산 혹경어홍모 용지소취이야)

사람이란 본디 한 번 죽을 뿐이지만

어떤 죽음은 태산보다 무겁고

어떤 죽음은 새털보다 가벼우니

이는 죽음을 사용하는 방법이 다른 까닭입니다.

이 글에서 알 수 있듯 민족의 해방과 정의 실현을 위해 목숨을 바친 의인들은 악인들과 비할 수 없는 무게를 가졌습니다.

"나같이 보잘것없는 한 사람의 중보 기도를 하나님이 들으실까?"라는 의구심이 드십니까? 하나님은 아브라함처럼 하나님을 사귀어 아는 사람을 의인으로 여기시고, 의인 한 사람의 기도를 귀하게 여기십니다.

> **핵심 내용**
>
> - 좋은 중보자는 먼저 하나님과 친밀한 관계를 형성하고, 하나님을 아는 지식을 토대로 기도하며, 중보 기도로 중보의 대상을 사랑한다.
> - 중보 기도의 핵심은 이웃 사랑이다.
> - 하나님은 우리가 서로 사랑하는 것을 기뻐하시기에 중보 기도에 복을 더하신다.
> - 하나님은 하나님과 바른 관계 가운데 있는 의인 한 사람의 기도를 무겁게 들으신다.
> - 하나님이 주시는 가장 근본적인 기도 응답은 하나님 자신이다.

소돔과 고모라는 의인 열 사람이 없어서 멸망했습니다. 우리는 하나님과 바른 관계를 맺는 한 사람의 의인으로서 중보 기도의 가치를 깨달아야 합니다.

하나님은 아브라함을 부르시고 세상에 복이 되라고 하셨습니다(창 12:1-2). 아브라함은 소돔과 고모라를 위한 중보자로서 그 부르심에 응답했습니다. 하나님은 우리로 하여금 누군가를 위해 중보하게 하심으로 세상에 복이 되게 하십니다.

기도 살아가기 ②

나의 기도 돌아보기

- 지금까지 기도하고 응답받는 과정을 통해 하나님의 어떤 모습을 알게 되었는가?

- 하나님을 알면 알수록 나의 기도는 어떻게 바뀌고 있는가?

- 다른 사람을 위해 기도하기 전에 하나님과 개인적으로 올바른 관계를 맺어야 하는 이유가 무엇인가?

영적 지도

- 기도 중에 내 마음 상태를 살펴보며 하나님을 향한 태도가 어떠한지 의식해 보라.

더 읽어 볼 책

- 프레드 크릭스, 『기도에 대한 다섯 가지 응답』(IVP).

3 하나님의 명예를 위하여

히스기야의 기도(1)

> 우리 하나님 여호와여 원하건대
> 이제 우리를 그의 손에서 구원하옵소서.
> 그리하시면 천하 만국이
> 주 여호와가 홀로 하나님이신 줄 알리이다 하니라.
> 열왕기하 19:14-19

열린 문을 발견하기 위해

헬렌 켈러는 "하나님이 한쪽 문을 닫으실 때, 반드시 다른쪽 문을 열어 두신다"고 했습니다. 그런데 만일 인생의 위기의 순간이 찾아왔을 때, 우리가 하나님이 열어 두신 문을 바라보지 못하고 닫혀 있는 문만 바라본다면 어떻게 될까요? 더욱 낙심하게 되지 않을까요? 기도할 때 우리는 비로소 하나님이 열어 두신 문을 발견하게 됩니다. 열왕기하 19장에서 히스기야 왕은 곤경 가운데서 하나님이 열어 두신 문을 어떻게 발견했을까요?

히스기야 통치 14년, 앗수르의 산헤립 왕이 쳐들어와 유다의 모든 성읍을 취하고 마지막으로 수도 예루살렘을 둘러싸고 있을 때였습니다. 그야말로 풍전등화와 같은 상황에서 히스기야 왕은 처음에는 하나님을 의지하지 못했습니다. 그 결과 닫힌 문만 바라보며 앗수르의 위협 앞에 인간적인 방법으로 대응했습니다. 그는 우선 전쟁을 모면하기 위해 엄청난 양의 금과 은을 바쳐 산헤립의 마음을 달래려 했습니다. 이어서 그는 애굽과 동맹을 맺어 앗수르를 공격할 준비를 했습니다. 그러나 앗수르의 왕 산헤립은 이 모든 히스기야의 계책을 간파하고 결국 예루살렘을 둘러싸고 싸움을 걸었습니다. 산헤립은 군대를 움직이기 전에 신하 랍사게를 보내 단 네 마디의 말로 히스기야와 이스라엘 백성의 마음을 뿌리째 흔들었습니다. 앗수르의 산헤립이 히스기야에게 한 말을 간단히 요약하면 이렇습니다.

첫째, "도대체 네가 의지하는 것이 무엇이냐?" 둘째, "너는 도무지 신뢰할 수 없는 애굽을 의지하고 있지 않느냐?" 실제로 당시 애굽은 동맹국들에게 돈을 받고 도와주겠다고 했다가 배신하는 나라로 알려져 있었습니다. 셋째, "너희는 심지어 너희가 섬기는 하나님을 의지하지도 않더라?" 넷째, "너희의 하나님 여호와께서 나를 보내어 너희를 멸망시키려 하신다"(왕하 18:19-25).

이 도전적인 질문들을 우리 자신에게 적용해 볼까요? 하나님을 믿지 않는 직장 상사가 나에게 이렇게 말한다고 생각해 봅시다. "당신이 교회에 열심히 다닌다고 하지만, 실제로는 무엇을 의지하고 있습니까? 당신은 사람들의 인정을 구하고 로또 당첨만 바라며 헛된 것을 의지하는 것 같던데요? 심지어 내가 보기에 당신은 진정한 신앙인 같지 않습니다. 정말 하나님을 의지하고 있습니까? 아무래도 이번 인사에서 승진은 어려울 것이고, 지방으로 발령받을 준비나 하세요. 그것이 하나님의 뜻입니다." 하나님을 알지 못하는 앗수르의 왕 산헤립이 보기에도 이스라엘 백성은 하나님을 의지하지 않고 헛된 것을 의지하고 있었습니다. 세상 사람들이 우리 그리스도인들을 볼 때, 과연 우리가 하나님을 의지하고 있는 것처럼 보일까요?

기도의 빈익빈 부익부 현상

앗수르의 산헤립 왕에게 신학적 공격을 받은 히스기야 왕은 그제서야 정신을 차리고 기도하기 시작했습니다. 그런데 그의 기도 방식은 매우 특이했습니다.

> 히스기야가 사자의 손에서 편지를 받아보고 여호와의 성전에 올라가서 히스기야가 그 편지를 여호와 앞에 펴놓고. (왕하 19:14)

히스기야가 산헤립의 협박 편지를 하나님 앞에 펼쳐 놓고 기도했다는 것은 이 중차대한 문제를 하나님과 가장 먼저 상의했다는 것을 의미합니다. 만일 그가 하나님이 아닌 다른 조언자나 전략가와 의논했다면, 또다시 하나님이 열어 주신 문을 바라보지 못하고 닫힌 문을 바라보며 낙심했을 것입니다. 그러나 히스기야는 이 국가적 난제를 하나님께 직접 가져가 상의했습니다.

그런데 히스기야는 곧장 간구를 쏟아 내지 않고 먼저 하나님이 어떤 분이신지 묵상합니다.

> 그 앞에서 히스기야가 기도하여 이르되
> "그룹들 위에 계신 이스라엘의 하나님 여호와여,
> 주는 천하 만국에 홀로 하나님이시라.
> 주께서 천지를 만드셨나이다." (왕하 19:15)

먼저, 그는 하나님을 "그룹들 위에 계신 이스라엘의 하나님 여호와"라고 부릅니다. 그룹은 하나님의 임재를 상징하는 성막 안 언약궤 위에 있는 천사 모형입니다. 그러니까 히스기야는 출애굽 이후 이스라엘이 광야 생활 동안 수많은 적과 싸울 때 함께 싸워 주셨던 하나님을 기억하며, 앗수르와도 싸워 주실 것이라는 믿음으로 기도를 시작한 것입니다.

기도에도 빈익빈 부익부 현상이 있다는 것을 아십니까? 기도 경험이 적은 사람들은 하나님의 응답을 받아 본 기억이 부족하기 때문에, 현재의 어려움 속에서도 하나님이 도와주실 것이라는 기대를 갖기 어렵습니다. 기도 응답의 경험이 없다 보니 하나님에 대한 신뢰가 빈약할 수밖에 없습니다.

반면, 인생의 크고 작은 문제들을 꾸준히 기도로 가져가고 응답받은 경험이 많은 사람들은 하나님의 도우심에 대한 기억이 많습니다. 이 기억은 앞으로도 하나님이 도우실 것이라는 확신과 기대로 이어지며, 더 깊은 신뢰와 더 열정적인 기도 생활로 발전합니다. 그렇게 하나님의 도우심에 대한 기억과 기대가 쌓일 때 우리는 눈앞의 걱정과 근심을 떨쳐내고 하나님에 대한 신뢰를 더욱 굳건히 할 수 있습니다. 히스기야의 기도의 특징은 하나님의 신실하심을 기억하는 것에서 시작해 하나님을 신뢰하는 것에서 마무리한다는 데 있습니다.

없는 것을 있는 것으로 부르시는 분
그다음 히스기야가 하나님을 어떻게 부르고 있습니까?

> 주는 천하 만국에 홀로 하나님이시라.
> 주께서 천지를 만드셨나이다. (왕하 19:15)

그는 하나님이 세상의 창조주라고 고백합니다. 왜 그랬을까요? 왜 국가적 위기 상황에서 창조주 하나님을 언급했을까요? 이는 로마서에 나타난 하나님의 별명과 연결됩니다.

> 하나님은 죽은 자를 살리시며 없는 것을 있는 것으로 부르시는 이시니라. (롬 4:17)

히스기야는 창조주 하나님을 고백함으로써 절망적인 전쟁 속에서도 평안을 창조하실 수 있는 하나님의 능력을 기대하고 있습니다. 저는 몸이 아픈 환우들을 위해 중보할 때, 창조주 하나님을 떠올리며 다음과 같이 기도합니다. "하나님, 우리 환우들에게 건강이 없습니다. 창조주 하나님이 환우들의 몸 안에 건강을 창조해 주소서!" 여러분의 삶에는 무엇이 없습니까? 우리의 기도를 들으시는 하나님이 없는 것을 있게 하시는 창조주 하나님이심을 기억하며 히스기야처럼 기도해 보지 않겠습니까?

하나님의 명예를 위하는 기도

기도란 단순히 우리 자신만을 위한 것일까요? 히스기야의 기도를 자세히 들여다보면, 그가 하나님의 명예를 얼마나 소중히 여겼는지 알 수 있습니다. 히스기야는 단지 전쟁에서의 승리만을 구하지 않았습니다.

> 여호와여 귀를 기울여 들으소서. 여호와여 눈을 떠서 보시옵소서. 산헤립이 살아 계신 하나님을 비방하러 보낸 말을 들으시옵소서. (왕하 19:16)

히스기야는 자신의 어떤 필요보다도 하나님의 명예를 훼손한 산헤립의 신학에 대해 호소하고 있습니다. 히스기야 기도의 정점은 19절에서 나타납니다.

> 우리 하나님 여호와여, 원하건대 이제 우리를 그의 손에서 구원하옵소서. 그리하시면 천하 만국이 주 여호와가 홀로 하나님이신 줄 알리이다 하니라. (왕하 19:19)

이 구절에서 히스기야는 두 가지를 간구합니다. 첫째, 이스라엘의 절박한 필요인 구원입니다. 둘째, 하나님이 하나님이심을 드러내셔서 하나님의 명예를 회복해 달라는 것입니다. 우리가 반복적으로 기도하고 응답받는 과정에서 궁극적으로 남는 것은 무엇입니까? 단지 위기를 모면하고 문제가 해결되고 일이 잘 풀리는 것으로 충분할까요? 수많은 기도와 응답을 통해 우리의 필요도 채워지겠지만, 보다 근본적으로는 하나님의 하나님 되심이 우리 안에 더 깊이 자리잡게 됩니다. 이런 경험이 쌓일 때, 우리는 하나님의 이름을 높이며 다음과 같이 고백하게 됩니다. "주 여호와가 홀로 하나님이십니다!" "You are the only God!"

히스기야에게 있어서 하나님께 구원받는 것과 하나님이 하나님 되셔서 하나님의 이름이 높아지는 것은 분리할 수 없는 하나였습니다. 우리도 히스기야처럼 기도해 보면 어떨까요? "하나님, 저를 구원해 주셔서 하나님이 홀로 하나님이심을 나타내 주소서!"

> 책갈피
>
> 23장. 예수님이 가르쳐 주신 기도 "아버지의 이름을 거룩하게"를 읽어 보고(278쪽) 히스기야가 하나님의 명예를 위해 기도한 내용과 연관지어 보라.

난해한 응답

하나님은 히스기야의 간절한 기도에 어떻게 응답하셨습니까? 구약학자 월터 브루그만(Walter Brueggemann)은 하나님이 '난해함'으로 응답하셨다고 설명합니다. 여기서 난해함(elusiveness)이란, '붙잡기 어려움', '이해하기 어려움' 등을 의미합니다. 즉, 우리의 이해와 이성으로 파악하거나 제한할 수 없는 방식으로 하나님이 응답하셨다는 의미입니다.

하나님이 히스기야의 기도에 응답하신 결과 여호와의 사자가 하룻밤 사이에 앗수르 군인 18만 5천 명을 쳐 죽였습니다. 이는 인간의 전략이나 군사력으로는 도저히 상상할 수 없는 방식의 개입이었습니다. 우리는 하나님께 구원을 요청하고 하나님이 하나님 되심을 드러내 달라고 기도할 수 있습니다. 그러나 하나님은 때때로 우리가 이해할 수 없는 방식으로 응답하십니다.

브루그만은 역사 속에서 하나님의 응답의 난해함을 보여 주는 여러 사례를 제시합니다. 첫째, 예수님이 십자가에 처형당하셨지만 부활하신 일, 둘째, 남아프리카 공화국에서 무력 충돌 없이 인종 분리 정책이 무너진 일, 셋째, 소련이 평화적인 방식으로 붕괴된 일, 넷째, 유례없는 미국의 군사력이 계속해서 좌절을 경험하는 일 등입니다.[9]

이러한 난해함을 받아들이는 태도는 우리 신앙의 성숙함을 보여 줍니다. 우리는 하나님께 기도할 때, 우리의 생각과 계획대로 응답해 주시기를 바라는 경우가 많습니다. 그러나 진정한 기도는 하나님의 주권과 지혜를 인정하고, 그분의 방식으로 응답하실 것에 대한 신뢰를 포함합니다. 히스기야의 기도가 그러했습니다. 그는 단순히 구원을 요청한 것이 아니라, 하나님이 하나님 되심을 드러내 달라고 기도했습니다.

이제 히스기야의 기도를 본받아 이렇게 기도해 보지 않겠습니까? "하나님, 저를 구원해 주셔서 하나님이 하나님 되심을 나타내 주소서!" 그러할 때 우리는 우리의 이해를 뛰어 넘으시는 하나님의 응답을 만나게 되고, 하나님이 참으로 하나님 되심을 알게 될 것입니다.

> **핵심 내용**
>
> - 인생의 위기 앞에서 기도할 때, 하나님이 열어 두신 문을 발견할 수 있다.
> - 지속적으로 기도하고 응답받으면서 하나님의 도우심에 대한 기억이 쌓일수록 앞으로도 하나님이 도와주실 것이라는 기대 또한 높아진다.
> - 하나님의 도우심에 대한 기억과 기대가 쌓일 때 눈앞의 걱정과 근심을 떨쳐 낼 수 있다.
> - 기도와 응답이 반복되는 과정을 통해 궁극적으로 우리 안에 남는 것은 하나님의 하나님 되심이다.

기도 살아가기 ③

나의 기도 돌아보기
- 기도와 응답을 거듭 경험하며 하나님을 어떤 분으로 인식하게 되었는가?

- 나의 이해를 뛰어 넘으시는 하나님의 응답을 통해 하나님의 하나님 되심을 경험해 본 적이 있는가?

영적 지도
- 내 삶의 현실을 직면한 채 히스기야와 같이 고백해 보라. "하나님이 홀로 하나님이십니다." 그리고 이 고백을 받으신 하나님이 주시는 감흥을 느껴 보라.

더 읽어 볼 책
- 월터 브루그만, 『구약의 위대한 기도』(성서유니온).

4 하나님을 알고 나를 알 때

느헤미야의 기도(1)

> 하늘의 하나님 여호와 크고 두려우신 하나님이여,
> 주를 사랑하고 주의 계명을 지키는 자에게
> 언약을 지키시며 긍휼을 베푸시는 주여,
> 간구하나이다.
> 느헤미야 1:5

하나님의 선한 손이 도우시므로

인생은 언제나 산 넘어 산이고 삶의 문제는 도처에 있습니다. 당장 눈앞에 닥친 어려움만 해결하면 될 것 같지만 그다음 또 어떤 문제가 도사리고 있는지 알 수 없지요. 그럼에도 불구하고 내가 계속해서 살아갈 수 있는 이유는 하나님의 선한 손이 나를 도우시기 때문입니다(느 2:8). 성경에서 하나님의 손이란, 하나님의 권능과 도우심을 상징합니다. 그러면 하나님의 선한 손의 도우심은 우리 앞에 어떻게 나타날까요? 느헤미야는 어떻게 하나님의 선한 손의 도우심을 붙잡을 수 있었을까요?

하나님을 알고 나를 알 때 발견하는 기도

느헤미야는 페르시아 왕 아닥사스다의 술 관원이었습니다. 당시 술 관원은 단순한 바텐더가 아니라 대통령 비서실장에 비견할 만한 고급 관리였습니다. 당시 대제국의 왕들은 항상 암살의 위험에 노출되어 있었기 때문에 왕에게 드리는 모든 음식을 검사하고 맛보는 사람이 필요했는데, 느헤미야가 바로 그런 역할을 담당했습니다. 뿐만 아니라 술 관원은 왕과 함께 공식 석상이나 사적인 자리에 늘 동행해야 했기에, 해박한 지식과 경륜을 갖춘 인물이어야 했습니다. 한마디로 느헤미야는 대제국의 고위 관리로서 왕의 두터운 신뢰를 받는 사람이었습니다.

그런데 고국으로부터 느헤미야에게 암담한 소식이 들려왔습니다. 예루살렘에 성벽이 없어서 적들이 수시로 쳐들어와 마을에 불을 지르고 재물을 훔쳐 간다는 소식이었습니다. 백성들은 농사조차 어려워 자식들을 팔아 생계를 유지해야 하는 비참한 생활을 하고 있었습니다. 고국의 소식을 듣고 느헤미야가 어떻게 합니까? 그는 무려 4개월 동안 울고 금식하며 기도했습니다.

대개 우리는 기도할 때 기도를 들으시는 하나님이 어떤 분이신지에 관심을 두지 못할 뿐 아니라, 나 자신의 상태가 어떤지 스스로 돌아보지도 못한 채 곧장 하나님께 필요한 것을 달라고 간구하는 경향이 있습니다. 그런데 느헤미야는 어떻게 기도했습니까? 그는 먼저 하나님이 어떤 분이신지 묵상합니다(느 1:5). 그리고 자신과 자신의 민족들에 대한 뚜렷한 인식을 가지고 진심 어린 회개의 기도를 드린 다음(느 1:6), 종들

의 기도를 들으시고 오늘 종이 형통하여 아닥사스다 왕에게 은혜를 받
게 해 주십사 간구했습니다.

하나님을 아는 지식	"하늘의 하나님 여호와 크고 두려우신 하나님이여, 주를 사랑하고 주의 계명을 지키는 자에게 언약을 지키시며 긍휼을 베푸시는 주여"(느 1:5).
이스라엘 민족의 상태	"우리 이스라엘 자손이 주께 범죄한 죄들을 자복하오니"(느 1:6).
기도 내용	"종들의 기도를 들으시고 오늘 종이 형통하여 이 사람들 앞에서 은혜를 받게 하옵소서"(느 1:11).

만일 하나님이 어떤 분이신지 잘 모르고, 나 자신이 죄 가운데 있는지 아닌지도 잘 모르는 채로 그저 원하는 것을 달라고 간구한다면 기도의 갈피를 잡기 어려울 수 있습니다. 그러나 느헤미야처럼 하나님이 어떤 분이신지, 나 자신이 어떤 상태인지 안다면 무엇을 구해야 할지에 대한 방향 감각을 갖게 됩니다.

C. S. 루이스는 자신의 저서 『피고석의 하나님』에서 고대인들은 피고인이 재판장에게 나아가듯 하나님께 나아갔지만, 현대인들은 자신이 재판장 자리에 앉아서 하나님을 피고인처럼 대한다고 했습니다.[10] "하나님, 왜 전쟁이 났는지 설명해 보십시오. 왜 가난이 있고 질병이 있는지 제가 납득할 정도로 설명해 주시면 무죄 방면해 드리겠습니다."

그러나 느헤미야는 하나님이 얼마나 크시고 자신이 얼마나 작은지 알았기에 회개하며 기도할 수 있었습니다. 회개한다는 것은 하나님 앞

에서 자신을 돌아보는 것을 의미합니다. 느헤미야는 과거를 돌아보면서 이스라엘 백성이 율례와 법도를 행하지 않았음을 알았습니다. 그렇기에 그들이 율례와 법도를 행하려 할 때 하나님이 도와주실 것이라는 확신이 생겼습니다.

이처럼 하나님을 잘 알아 갈 때 비로소 올바른 기도를 드릴 수 있습니다. 우리는 하나님께 부수적인 필요들을 구하곤 하지만 사실 가장 중요한 기도 제목은 나의 존재의 상태입니다. 지금 이스라엘은 포로 생활에서 돌아와 성전도 재건했지만, 정작 하나님의 율례와 법도로부터 떠나 있었습니다.

그렇다면 그들은 적들을 물리쳐 달라거나 농사가 잘되게 해 달라고 기도할 것이 아니라, 자신들이 하나님과의 약속대로 율례와 법도를 지키게 해 달라고 기도해야 했습니다. 우리의 기도에서도 다음 세 가지가 분명해야 한다는 것을 기억하기 바랍니다. 첫째, 하나님은 어떤 분이신가? 둘째, 현재 나의 영적 상태는 어떠한가? 셋째, 나는 지금 무엇을 구해야 하는가?

느헤미야가 이 세 가지를 인식하고 기도한 결과는 무엇입니까?

한 손에는 성경을, 다른 한 손에는 신문을

느헤미야가 금식하고 기도한 지 4개월이 된 어느 날, 느헤미야가 아닥사스다 왕 앞에서 술을 따르는데 왕이 느헤미야의 안색이 좋지 않은 이유를 물었습니다. 아닥사스다 왕이 예루살렘 성벽 재건을 중단시킨 장본인이었기에 느헤미야는 마치 개인적인 사정을 털어놓듯 지혜롭게 답했습니다. "제 조상들의 묘실이 있는 성읍이 이제까지 황폐하고 성문이 불 탔사오니 내가 어찌 얼굴에 수심이 없사오리이까?"(느 2:3). 느헤미야가 이렇게 말한 것은, 페르시아인들도 유대인들처럼 조상들의 묘실을 중요하게 여겼기 때문이었습니다. 그러자 아닥사스다 왕은 느헤미야에게 원하는 바를 묻습니다. 느헤미야는 그 순간 잠시 기도합니다.

> 왕이 내게 이르시되 그러면 네가 무엇을 원하느냐 하시기로 내가 곧 하늘의 하나님께 묵도하고. (느 2:4)

아닥사스다 왕이 무엇을 원하는지 묻자 느헤미야는 하늘의 하나님께 묵도하면서 하나님의 개입을 요청했습니다. 혹 어떤 반대에 부딪치거나 갈등 상황을 맞이할 때 싸우고 다투며 권리를 쟁취하려 하기보다는 느헤미야처럼 잠시 하늘의 하나님께 기도하며 하나님의 개입을 요청해 보면 어떨까요?

하나님의 개입을 요청한 느헤미야가 아닥사스다 왕에게 구한 내용은 무엇입니까?

> 왕이 만일 좋게 여기시거든 강 서쪽 총독들에게 내리시는 조서를 내게 주사 그들이 나를 용납하여 유다에 들어가기까지 통과하게 하시고 또 왕의 삼림 감독 아삽에게 조서를 내리사 그가 성전에 속한 영문의 문

과 성곽과 내가 들어갈 집을 위하여 들보로 쓸 재목을 내게 주게 하옵소서. (느 2:7-8)

신학자 칼 바르트는 "모든 그리스도인은 한 손에는 성경을, 다른 한 손에는 신문을 들어야 한다"고 했습니다. 느헤미야도 하나님이 어떤 분이신지 묵상하는 동시에 상황을 면밀히 묵상했습니다. 그 결과 아닥사스다 왕이 무엇을 원하는지 물었을 때, 느헤미야는 준비된 대답을 할 수 있었습니다. 이처럼 기도할 때 우리는 성경을 묵상하는 동시에 우리가 처한 상황도 묵상하며 기도해야 합니다. 만일 하나님이 "무엇을 원하느냐?" 하고 물으신다면, 느헤미야처럼 꼭 필요한 것을 구체적으로 구할 수 있겠습니까? 기도 가운데 우리가 대체 무엇을 구하는 것인지 모호할 때가 많은 이유는 하나님에 대한 묵상도, 우리가 처한 상황에 대한 묵상도 부족하기 때문은 아닐까요?

백 퍼센트 신뢰, 백 퍼센트 최선

느헤미야는 하나님을 백 퍼센트 신뢰하는 동시에 자신도 백 퍼센트 최선을 다했습니다.[11] 우리는 하나님을 백 퍼센트 신뢰하면서도 정작 스스로는 백 퍼센트 최선을 다하지 못할 때가 있습니다. 반대로 백 퍼센트 최선을 다하고 나서는 자신감에 찬 나머지 하나님을 백 퍼센트 의지하지 못하기도 합니다. 느헤미야는 아닥사스다 왕에게 예루살렘으로 돌아가게 해 달라고 구할 뿐만 아니라 조서와 재목을 구합니다. 예루살렘에 돌아가서도 기도만 하지 않고 면밀하게 예루살렘 성벽을 살펴봅니다. 또한 성벽을 재건할 때도 기도하는 동시에 파수꾼도 둡니다.

> 우리가 우리 하나님께 기도하며 그들로 말미암아 파수꾼을 두어 주야로 방비하는데. (느 4:9)

이처럼 그가 하나님의 선한 도우심을 받는 방법은 하나님을 의지하고, 스스로도 최선을 다하는 데 있었습니다. 우리는 느헤미야를 통해 균형 잡힌 신앙관을 배울 수 있습니다. 우리가 하나님을 의지함과 동시에 최선을 다한다면 하나님의 선한 손이 도와주시는 경험을 하게 될 것입니다. 결국 느헤미야는 그가 하나님께 기도한 것을 모두 응답받게 되는데 그는 그 이유를 다음과 같이 고백합니다.

> 내 하나님의 선한 손이 나를 도우시므로. (느 1:8, 18)

느헤미야라는 한 사람을 감동시키시고, 그로 하여금 기도하게 하시

책갈피

7장. 한나의 기도에서 한나가 아들을 달라고 기도한 다음 남편 엘가나와 동침한 것(96쪽)과 느헤미야가 하나님을 신뢰함과 동시에 최선을 다한 것을 서로 비교해 읽어 보라.

며, 세속 권력의 도움도 얻게 하신 것이 바로 다름 아닌 '하나님의 선한 손'이었음을 웅변하고 있는 것입니다.

무너진 성벽을 재건하려면

느헤미야가 예루살렘에 가서 성벽을 재건하려 하자 뜻밖에도 패배감에 젖어 있던 동족들의 반대에 부딪치고 맙니다. "젊은 총독 양반, 우리도 여러 번 애써 봤는데, 다 소용없더이다. 괜한 고생 하지 말고 그냥 적당히 편하게 삽시다." 하나님께 기도하고 응답받았음에도 불구하고 여전히 사람들의 반대에 부딪칠 수도 있습니다.

그럴 때 우리는 어떻게 해야 할까요? 느헤미야는 묵묵히 하나님이 하신 일을 증거했습니다.

핵심 내용

- 가장 중요한 기도제목은 그 어떤 필요보다 나의 존재의 상태다.
- 느헤미야의 기도에는 세 가지 분명한 점이 있었다.
  1) 하나님은 어떤 분이신가?
  2) 현재 나의 영적 상태는 어떠한가?
  3) 나는 지금 무엇을 구해야 하는가?
- 하나님을 알고 나를 알 때 구할 바가 명료해진다.
- 하나님에 대한 묵상과 상황에 대한 묵상이 깊어질 때 기도가 구체화된다.

그는 먼저 자신이 페르시아 왕궁에서 예루살렘 소식을 듣고 네 달 동안 울고 금식하며 기도했다고 말했습니다. 그리고 하나님의 도우심으로 아닥사스다 왕의 허락을 받아 냈고, 왕이 최고의 목재와 군대를 붙여 주었다고 전했습니다. 마지막으로 이 모든 것이 하나님의 선한 손의 도우심 덕분이라고 증거했습니다. 그러자 이스라엘 백성들은 확신을 얻고 모두 힘을 내어 "일어나 건축하자!"고 외쳤습니다(느 1:18).

우리의 삶이 때론 무너진 성벽과 같을지라도 하나님의 선한 손의 도우심은 여전하여 하나님이 어떤 분이고 우리 자신이 어떤 처지에 있는지 알게 하셔서 기도의 방향을 찾게 하실 것입니다. 우리가 느헤미야처럼 하나님을 백 퍼센트 신뢰하는 동시에 백 퍼센트 최선을 다한다면 마침내 하나님이 우리의 믿음을 사용하시는 것을 경험하게 될 것입니다.

기도 살아가기 ④

기도 돌아보기
- 나의 기도 내용이 모호한 이유는 무엇인가?

- 하나님을 신뢰하는 일과 나의 최선을 다하는 일 중 부족한 부분은 무엇인가?

영적 지도
- 1) 하나님, 2) 나 자신, 3) 현재 상황을 깊이 묵상한 다음 다시 기도해 보라.

더 읽어 볼 책
- 윌리엄 쉐넌, 『깨달음의 기도』(은성)

2부

기도의 시작
-간구 기도-

―――

간구 기도의 본질은 하나님을 의지하는 것입니다.
기도를 중단하면
하나님을 의지하지 않게 됩니다.

우리는 하나님께 의존하는 존재로 창조되었습니다.
그렇기에
"하나님, 제가 하나님을 의지하지 않고 살게 해 주십시오"라는 기도는
결코 응답받지 못합니다.

연약한 양이라도 목자가 곁을 지킬 때 안전하듯
하나님께 간구하며 의지할 때
우리는 가장 온전한 존재가 됩니다.

5 | 중단했던 기도를 다시 시작하다

야베스의 기도

> 주께서 내게 복을 주시려거든
> 나의 지역을 넓히시고 주의 손으로 나를 도우사
> 나로 환난을 벗어나 내게 근심이 없게 하옵소서.
> 역대상 4:10

기도를 중단하는 이유

기도를 중단해 본 적이 있습니까? 더 이상 기도하지 않게 되었던 이유를 돌아보는 것은 다시금 기도를 시작하는 계기가 될 수 있습니다.

프랑스의 사상가 장자크 루소는 기도에 대해 다음과 같이 말했습니다. "나는 창조주를 경배하고, 그가 준 선물에 대해 그를 찬양하지만, 기도하지는 않는다. 도대체 내가 그에게 무엇을 요청할 수 있단 말인가? 나를 위해 기적을 베풀어 달라고 기도하는 것과 나를 위해 사물의 질서를 바꾸어 달라고 기도하는 것은 자연계의 질서가 나를 위해 파괴되기를 바라는 소원에 불과한 것이다. 따라서 그렇게 기도하는 사람은 응답이 아니라 벌을 받아 마땅하다. 하나님을 믿는 나의 최고의 소원은 '당신의 뜻이 이루어지이다'이다. 하나님이 다 알아서 우주를 이끌어 가시는데, 왜 그것을 바꾸어 달라고 기도해야 하는가?"

혹시 여러분도 이렇게 생각해 본 적이 있습니까? 우리가 기도하든 말든 어차피 모든 것이 하나님 뜻대로 되는 것 아닐까요? 그렇다면 우리는 왜 기도해야 하는 것일까요?

간혹 "기도를 많이 쌓아야 한다"는 이야기를 듣습니다. 기도가 무슨 적립 포인트라도 되는 걸까요? 기도를 많이 한다는 것은 기도의 공적을 많이 쌓는 것을 의미하지 않습니다. 그것은 하나님이 나에게 간섭하실 기회를 자주 드리는 것을 의미합니다.

그렇다면 기도를 많이 하는 사람의 삶과 기도를 별로 하지 않는 사람의 삶에는 어떤 차이가 있을까요? 우리가 기도를 자주 하면 하나님께 개입하실 기회를 자주 드리게 되고, 하나님께 자주 간섭을 받은 결과 하나님의 뜻대로 살게 될 가능성이 커집니다. 반면, 기도하지 않는 삶을 산다면 하나님께 개입하실 기회도 좀처럼 드리지 못하게 되고, 하나님께 간섭받는 일이 줄어들기 때문에 내 마음대로 살 가능성이 높아지겠지요.

루소의 말처럼 어차피 하나님의 뜻대로 될 테니 기도하지 않겠다고 생각하다가 오히려 하나님의 뜻과 점점 멀어질 수 있습니다. 그러므로 어차피 하나님의 뜻이 정해져 있다고 기도하지 않을 것이 아니라, 하나님의 뜻이 내게 개입하시도록 자주 적극적으로 기도해야 합니다.

초등학교에 다니는 한 아이가 지구본 만들기 과제를 하고 있었습니다. 아무리 애를 써도 잘 되지 않자 아이는 그만 만들던 작품을 내동댕이치고 말았습니다. 그러자 곁에서 지켜보고 있던 아빠가 아이에게 서운함을 느끼면서 물었습니다. "애야, 왜 아빠에게 도와 달라고 하지 않니?" 아이는 자신에게 도움이 필요하다는 것과 아빠가 언제든 자신을 도와줄 수 있다는 것을 잊었던 것입니다.

우리가 기도를 중단한 것은 우리 자신이 하나님의 도움이 필요한 존재라는 것과 하나님이 우리 모든 필요를 채우실 수 있는 분이라는 것을 까맣게 잊었기 때문이 아닐까요? 제임스 패커는 다음과 같이 말했습니다. "우리 자신이나 다른 사람들을 성취자, 창조자, 개혁자 … 사회에 은혜를 베푸는 사람들로 생각한다면, 가장 깊은 차원에서 우리 자신을 속이는 것이다. 원래 우리는 모든 점에서, 모든 측면에서 궁핍하고, 파산했으며, 무능하고, 하나님께 완전히 의존하는 사람들이다."[12]

야베스의 네 가지 기도

역대상 4장에는 야베스라는 인물이 등장합니다. 야베스의 어머니는 그를 수고로이 낳았기 때문에 이름을 '야베스'라고 지었습니다. 야베스란 수고, 고통, 근심을 의미합니다. 그런데 구약 시대 인물들의 이름은 곧 그 사람의 운명이 되곤 했습니다. 야베스가 자신의 이름대로 고통스러운 삶을 살지 않기 위해 하나님께 간구했다고 보는 학자들도 있고, 야베스가 단순히 축복을 간구했다고 보는 학자들도 있습니다만, 어쨌든 야베스는 네 가지 축복을 하나님께 구합니다.

첫째, "주께서 제게 복을 주십시오." 둘째, "나의 지역을 넓혀 주십시오." 즉, 성공적인 인생을 살게 해 달라고 간구한 것입니다. 셋째, "주의 손으로 나를 도우소서." 자신만의 힘으로는 성공적인 인생을 사는 게 불가능하기에 주의 도우심을 간구한 것입니다. 마지막으로 넷째, "나로 환난을 벗어나 근심이 없게 해 주십시오." 야베스는 자신의 이름에 담긴 환난과 근심을 스스로 제거할 수 없음을 알고 하나님께 기도했습니다. 그러자 하나님이 야베스의 간구를 듣고 응답해 주셨습니다. 그 결과 그는 그의 형제보다 귀중한 자가 되었습니다.

브루스 윌킨슨의 주장

미국의 성경 교사 브루스 윌킨슨(Bruce Wilkinson)이 쓴 『야베스의 기도』가 선풍을 일으킨 적이 있었습니다. 이 책이 한국에 번역 출판되었던 2001년 당시 야베스의 기도는 마치 어떤 특별한 기도 방법인 것처럼 알려졌습니다. 야베스처럼 기도하지 않으면 뭔가 중요한 것을 놓친 셈이라고 강조하는 사람들도 있었습니다.

브루스 윌킨슨은 단 두 절밖에 되지 않는 야베스의 기도를 해석하면서 "우리가 하나님이 주시는 복을 충분히 받아 누리지 못하는 이유는 우리가 하나님을 제한하기 때문"이라고 도전했습니다. 예를 들어, 존이라는 사람이 천국에 갔는데 큰 창고가 있더랍니다. 그 창고에 들어가 보니 선물 상자가 많이 있었습니다. 그런데 존은 그 상자 더미 중에서 자신의 이름이 쓰여 있는 상자가 있어서 열어 보고는 깜짝 놀랐습니다. 그 상자 안에 자신이 미처 구하지 않았던 놀라운 선물이 가득 담겨 있었기 때문입니다. 이와 같은 맥락에서 브루스 윌킨슨은 "왜 하나님의 놀라운 능력을 스스로 제약하고 구하지 못함으로 놀라운 선물을 받지 못하는가?"라고 도전하면서, 우리가 야베스처럼 하나님을 전적으로 신뢰하고 간구하면 하나님이 오늘날 우리에게도 기적을 베풀어 주실 수 있다고 강조했습니다.[13]

브루스 윌킨슨의 도전에 대해서는 긍정적인 논평과 부정적인 논평 모두 존재합니다. 긍정적으로 논평하는 사람들은 그가 합리성을 중시한 나머지 하나님의 능력을 제한하고 기적을 꿈꾸지 못하는 현대인들의 허점을 잘 파헤쳤다고 평가합니다. 단순히 기복신앙을 강조한 것이 아니라 놀라우신 하나님이 우리에게 무조건적으로 은혜를 베푸실 수 있음을 강조했다고 보는 것입니다. 반면, 부정적으로 논평하는 사람들은 그리스도인들이 세상에서 고난을 당하며 환난이 인내를, 인내가 연단을, 연단이 소망을 이루기도 하는데(롬 5:3-4) 브루스 윌킨슨의 관점에는 고난의 신학과 십자가의 희생이 부재하다고 지적합니다.

야베스의 기도의 배경 - 역대기

우리가 야베스의 기도를 바르게 이해하기 위해서는 먼저 이 기도문이 어떤 배경에서 쓰였는지를 알아야 합니다. 구약 성경에는 크게 두 가지 관점의 역사서가 있습니다. 하나는 신명기계 역사서이고, 또 하나는 역대기계 역사서입니다. 신명기적 관점으로 쓰인 역사서는 여호수아, 사사기, 사무엘, 열왕기이고, 역대기적 관점으로 쓰여진 역사서는 역대기, 에스라, 느헤미야 등입니다. 두 관점의 역사서가 있는 것처럼, 신명기계 역사가들의 기도 신학이 있고, 역대기 역사가들의 기도 신학도 있습니다. 따라서 우리는 역대기에 기록된 야베스의 기도에 역대기의 기도 신학이 반영되어 있음을 알아야 합니다.

역대기는 70년간 바벨론 포로 생활을 마치고 돌아온 후손들을 대상으로 기록한 역사서입니다. 이스라엘 백성이 포로 생활 중에 자신들을 해방시켜 달라고 얼마나 많이 부르짖고 기도했겠습니까? 그러나 하나님은 그 기도에 바로 응답하기를 거절하시고 70년이 지난 후에야 이스라엘을 해방시켜 주셨습니다. 그토록 오랜 시간 하나님의 거절을 경험했던 이스라엘이 다시금 간구 기도를 드리기가 과연 쉬웠을까요? 아니면, 어려웠을까요? 당연히 어려웠을 겁니다. 그렇다면 70년 동안 이어진 암울한 포로 생활을 마치고 이제 희망을 가져야 하는 사람들에게 역대기 저자는 하나님을 어떤 분으로 강조하고 싶었을까요?

오랜 포로 생활을 거치는 동안 이스라엘은 하나님이 관대하시지 않고, 부르짖어도 응답하시지 않으며, 너그럽게 복을 베풀어 주시지 않는 분이라고 오해하게 되었습니다. 뿐만 아니라 자신들이 하나님께 버림받고 잊힌 사람들이라고 잘못 인식하게 되었습니다. 그래서 역대기 기자들은 이제 나라의 재건을 앞둔 이스라엘 백성이 다시금 하나님께 간구하고 하나님의 응답을 경험할 수 있게 하기 위해 관대하신 하나님, 기도에 응답하시는 하나님, 너그럽게 복을 베푸시는 하나님으로 묘사한 것입니다. 야베스의 기도는 간구 기도를 격려하는 역대기의 기도 신학에 입각해 쓰인 기도문인 것입니다.

야베스의 기도 종합 논평

야베스의 기도에는 다음과 같은 특징이 있습니다. 첫째, 10절에서는 야베스가 기도한 대상이 야베스 자신의 하나님이 아니라 "이스라엘 하나님"임을 분명히 합니다. 즉, 하나님이 야베스라는 한 인물뿐만 아니라 이스라엘 전체에게 이렇게 응답하실 수 있음을 알려 준 것입니다. 따라서 야베스의 기도는 우리 모두를 소외시키는 것이 아니라 오히려 초청하고 있습니다.

둘째, 야베스는 축복, 번영, 보호, 안전 등 네 가지를 구했는데, 하나님은 그의 기도를 들으시고 아무런 조건 없이 은혜를 베풀어 주셨습니다. 야베스가 그러한 복을 받을 만한 사람인지 아닌지에 대한 설명은 찾아볼 수 없습니다. 즉, 하나님이 은혜를 베푸시는 대상과 방법과 때는 전

> 책갈피
>
> 11장. 가나안 여인의 기도를 읽고 하나님께 거절당했을 때 어떤 자세를 가져야 하는지 생각해 보자.

적으로 하나님께 달려 있음을 말하려는 것입니다.

사실 기도는 우리에게 달린 것이 아니라, 하나님께 달린 것입니다. 기도발이 좋다는 말을 들을 때가 있습니다. 하지만 사실은 '기도발'이 좋은 게 아니라 하나님의 '응답발'이 좋은 것입니다. 반면, 브루스 윌킨슨은 기도에 응답하시는 하나님을 강조하기보다는, 기도하는 우리를 지나치게 강조했습니다. 그런 면에서 그는 역대기 기자들의 관점을 좀 더 받아들여야 했습니다. 브루스 윌킨슨의 관점을 통해 간구 기도의 긍정적인 면을 회복한 사람들도 있었지만, 미성숙한 그리스도인들의 경우 간구 기도를 상업적으로 받아들이는 부작용을 경험하기도 했습니다.

우리가 야베스의 기도를 통해 배워야 할 점은, 우리의 기도를 들으시는 하나님이 관대하시며, 너그럽게 복을 베풀기 원하는 분이시기에 우리가 무엇이든 간구할 수 있다는 점입니다. 혹시, 오랜 고난과 환난을 지나는 동안 하나님이 나를 잊으신 게 분명하다고 생각하게 된 분이 있습니까? 하나님은 나에게 관대하시지 않고, 나의 간구를 거절하시며, 부르짖어도 응답하시지 않고, 복을 베푸는 데 인색하신 분이라고 오해하고 있는 분이 있습니까? 그래서 기도하기가 어려워진 분이 있습니까? 야베스의 기도에 응답하신 하나님께 다시 한 번 기도해 보지 않겠습니까?

야베스가 이스라엘의 하나님께 기도드렸습니다. "나에게 복을 주십시오. 나에게 땅을 더 많이 주십시오. 나와 함께 계셔 주시고, 아무도 나를 해치지 못하게 해 주십시오. 내가 누구한테도 고통을 당하지 않게 해 주십시오." 하나님께서는 야베스의 기도를 들어 주셨습니다. (대상 4:10, 새번역)

하나님의 역사를 살아가다

상담가들이 더 이상 살고 싶지 않다는 사람들에게 꼭 해 주는 말이 있습니다. 그것은 '더도 말고 덜도 말고 하루만 더 살아 보자'는 권면입니다. 그러면 자살을 결심했던 사람들이 실제로 하루만 더 사는 데 그치지 않고 결국 그럭저럭 더 살게 된다고 합니다. 마찬가지로, 성도들이 기도하다가 아무 일도 일어나지 않는 것 같아 기도를 그만 두려고 할 때, 영적 지도자들은 더도 말고 덜도 말고 딱 한 번만 더 기도해 보라고 권면합니다. 그러면 한 번 더 기도하다가 하나님을 깊이 만나는 경험을 하기도 합니다. 우리의 기도 생활을 돌이켜보면, 기도할 때마다 하나님을 만나는 경우는 드뭅니다. 다섯 번은 허탕치다가 여섯 번째에 하나님을 만나기도 하고, 아홉 번 헤매다가 열 번째에 응답받기도 합니다.

어느 집사님이 버스를 탔는데, 갑자기 비가 내리더랍니다. 비가 온다는 예보가 없어 우산을 준비하지 못한 상태라 적잖이 당황스러웠다고 합니다. 그래서 "하나님, 지금 우산이 없는데 비 좀 그치게 해 주세요" 하고 기도했답니다. 그런데 정말 버스에서 내리자마자 비가 그쳤습니다. 물론 기도하지 않아도 비가 그쳤을 수도 있습니다. 간혹 기도하지 않았는데도 좋은 일이 일어날 때가 있지요. 그러나 그럴 경우 우리는 재수가 좋아 수지맞았다고 하지, 하나님께 감사하지 않습니다. 오직 기도한 사람만이 응답을 알아차릴 수 있고, 감사할 수 있으며, 그 결과 하나님과의 관계성이 형성되고 하나님의 역사 안으로 편입됩니다.

우리 앞에 두 가지 인생이 놓여 있습니다. 하나는 기도하며 사는 인생이고, 또 하나는 기도하지 않고 사는 인생입니다. 기도하며 사는 인생은 수많은 간구와 응답을 경험하면서 하나님과의 관계가 자라고, 하나님의 역사에 적극적으로 동참하며 살아갑니다. 아무리 시대가 험난하다고 해도 기도하는 사람은 기도 중에 인간의 역사를 넘어 하나님의 역

> 핵심 내용

- 우리가 기도를 중단하는 이유는
  1) 내가 하나님의 도움이 필요한 존재라는 것과
  2) 하나님이 나를 도와주실 수 있는 분이라는 것을 망각했기 때문이다.
- 야베스의 기도는 역대기의 기도 신학을 반영한다. 역대기의 기도 신학은 바벨론 포로 생활 동안 하나님의 오랜 무응답을 경험했던 이스라엘이 다시금 기도하도록 독려한다.
- 야베스의 기도에서 배워야 할 것은 하나님이 관대하시고 너그럽게 복을 베푸시는 분이시기에 우리가 무엇이든 간구할 수 있다는 것이다.
- 기도를 많이 하는 것은 하나님의 간섭과 개입을 자주 요청하는 것이다.
- 기도하고 응답받는 과정을 통해 우리는 인간의 역사를 넘어 하나님의 역사 안으로 편입되어 살게 된다.

사를 살아가게 될 것입니다. 반면, 기도하지 않는 인생은 하나님을 알지도 못하고, 하나님의 역사 변두리에서 그저 좋은 일이 생기면 운이 좋은가 보다, 나쁜 일이 생기면 그럴 때도 있는가 보다 하고 여기며, 수동적으로 살게 됩니다. 여러분은 어떤 인생을 살아가겠습니까? 이제 야베스와 같이 기도해 보지 않겠습니까?

기도 살아가기 ⑤

기도 돌아보기
- 기도를 중단했다면, 그 결과 하나님과의 관계가 어떠했는지 돌아보라.

- 다시금 기도를 시작할 때 기대해야 할 것은 무엇인가?

영적 지도
- 기도를 중단한 지점으로 돌아가 왜 하나님께 기도하지 않게 되었는지 하나님께 솔직하게 말씀드려 보라.

- 기도하지 않은 결과 하나님을 의지하지 않게 된 부분에 대해 기도하며 다시금 하나님을 의지해 보라.

더 읽어 볼 책
- 브루스 윌킨슨, 『야베스의 기도』(디모데)를 비판적으로 읽기
- 김선종, "야베츠의 기도 재고(再考)"(한국신학정보연구원, 2015)

6 내가 네게 무엇을 줄꼬

솔로몬의 기도(2)

> 기브온에서 밤에 여호와께서
> 솔로몬의 꿈에 나타나시니라.
> 하나님이 이르시되
> "내가 네게 무엇을 줄꼬? 너는 구하라."
> 열왕기상 3:5

무엇을 줄꼬?

하나님이 솔로몬에게 나타나셔서 "내가 네게 무엇을 줄꼬?"라고 물으셨습니다(왕상 3:5). 만일 하나님이 꿈에 나타나셔서 "내가 네게 무엇을 줄꼬?"라고 물으신다면 여러분은 무엇을 구하겠습니까?

하나님은 솔로몬에게 단지 "무엇을 줄꼬?"라고 묻는 데 그치지 않으셨습니다. "너는 구하라"고 하시면서 솔로몬이 구하는 바를 정말 주시겠다는 뉘앙스를 내비치셨습니다. 실제로 하나님은 솔로몬이 구한 바, 선악을 분별하는 지혜를 주셨습니다. 우리는 하나님이 솔로몬이 구한 것을 주셨다는 사실에 주목하며 그를 부러워하지만, 더욱 중요한 것은 하나님이 솔로몬이 구한 바를 주신 이유입니다.

솔로몬이 이것을 구하매 그 말씀이 주의 마음에 든지라. (10절)

하나님은 "그래, 솔로몬아. 내가 너에게 주고 싶었던 것도 바로 그것이란다" 하신 셈입니다. 그러면 하나님은 왜 솔로몬의 기도를 마음에 들어 하셨을까요? 하나님이 솔로몬의 기도를 평가하신 내용을 좀 더 자세히 살펴볼 필요가 있습니다. 11절의 구조를 보면, '너는 구했다'는 긍정문이 '너는 구하지 않았다'는 세 가지 부정문을 앞뒤로 감싸고 있습니다.

(긍정문) **너는 구했다.**
(부정문) 너는 장수하기를 구하지 않았다.
(부정문) 너는 부를 구하지 않았다.
(부정문) 너는 원수의 생명을 멸하기를 구하지 않았다.
(긍정문) **너는 송사를 듣고 분별하는 지혜를 구했다.**[14]

하나님은 이렇게 솔로몬이 구한 것과 구하지 않은 것을 대조하시면서 솔로몬의 기도가 왜 마음에 드셨는지 말씀하셨습니다. 그러니까 솔로몬도 자신이 욕망하는 바를 무작정 구한 것이 아니었고, 하나님도 솔로몬의 기도가 마음에 들건 들지 않건 들어 주신 것이 아니었습니다.

기도를 살다

추측하건대, 솔로몬이 자신을 위해 부 또는 장수를 구했거나 자기 원수의 생명 멸하기를 구했다면, 하나님이 솔로몬의 기도를 마음에 들어 하지 않으셨을 뿐만 아니라, 그의 기도에 응답하지 않으셨을 것입니다.

내 영혼에 필요한 기도는?

여러분은 자신의 영혼을 위해 진정으로 하나님께 구해야 할 것이 무엇인지 알고 있습니까? 마땅히 구할 바를 알지 못한 채 기도하는 우리의 모습은 마치 환자가 의사에게 팔이 부러졌으니 두통약을 달라고 하거나, 몸살이 왔는데 반창고와 연고를 달라고 하는 것과 흡사합니다.

그러면 우리는 어떻게 하면 우리 자신의 영혼에 꼭 필요한 기도를 할 수 있을까요? 솔로몬이 단번에 하나님이 마음에 들어 하시는 기도를 했을까요? 그렇지 않습니다. 저는 솔로몬이 일천번제를 드린 끝에 하나님이 마음에 들어 하시는 기도에 다다랐을 것이라고 생각합니다. 흔히 일천번제라고 하면, 솔로몬이 천 번의 제사를 드린 것으로 이해합니다만, 사실 일천번제에서 '번'(燔)은 '횟수'가 아니라 '불에 태워 없애다'를 의미합니다. 즉, 솔로몬의 일천번제는 천 번의 제사를 드렸다는 뜻이 아니라 일천 마리의 짐승을 태워 드렸다는 뜻입니다. 학자들은 솔로몬이 일천 마리의 번제물을 태워 하나님께 드리는 데 7-8일 정도 소요되었을 것으로 추정합니다.

솔로몬도 인간인지라, 처음에는 장수나 부를 달라고 구하기도 했을 겁니다. 또한 그에게 얼마나 많은 정적이 있었습니까? 오늘 본문 바로 앞 장인 열왕기상 2장에서 솔로몬은 아도니아와 요압과 시므이를 숙청했습니다. 그 과정에서 자기 원수들의 생명이 끊어지게 해 달라는 기도도 했을 겁니다. 그러나 솔로몬은 거기에 그치지 않고 일천번제를 드리는 동안 나름 '기도의 방황'을 하며 마침내 자신이 드려야 할 기도에 다다르게 되지 않았을까요?

우리가 기도하는 동안 하나님이 하시는 일 중 하나는 당신의 마음을 우리에게 나누어 주시는 일입니다. 솔로몬이 일천 마리의 번제물을 태워 드리며 하나님께 기도하는 동안 하나님이 솔로몬에게 백성을 향한 하나님의 마음을 나누어 주시지 않았을까요? 그래서 솔로몬이 기도 중에 하나님의 마음을 나누어 받아 자기 자신을 위한 부와 장수와 원수의 척결이 아닌 백성을 위한 기도로 나아갈 수 있었던 것 아닐까요?

그래서 기도에 있어 '방황'은 참으로 소중한 것입니다. 우리는 내 영혼에 가장 필요한 기도가 무엇인지도, 구할 바가 무엇인지도 알지 못하기에 때론 엉뚱한 것을 구하기도 합니다. 그래도 괜찮습니다. 그런 시간은 결코 헛되지 않습니다. 왜냐하면, 그렇게 오랜 시간, 여러 차례 기도하는 중에 우리 안에서 성령께서 말할 수 없는 탄식으로 우리를 위해 중보하시게(롬 8:26) 되기 때문입니다. 그러다 마침내 성령의 인도하심으로 내 영혼에 꼭 필요한 구할 바를 아뢰는 지점에 도달하게 될 것입니다.

우리가 하나님 앞에 나아와 기도하고 돌아갈 때마다 하나님은 우리를 결코 빈손으로 돌아가게 하시지 않습니다. 매번 하나님의 뜻에 점점 더 가까워지게 하십니다. 솔로몬이 일천번제를 드린 끝에 하나님이 솔로몬에게 "내가 네게 무엇을 줄꼬? 너는 구하라"고 하셨을 때, 솔로몬이 하나님께 구한 기도의 내용을 살펴볼까요? 어떤 단어가 많이 반복되는지 자세히 보겠습니다.

> 나의 하나님 여호와여, 주께서 종으로 종의 아버지 다윗을 대신하여 왕이 되게 하셨사오나 종은 작은 아이라 출입할 줄을 알지 못하고 주께서 택하신 **백성** 가운데 있나이다. 그들은 큰 **백성**이라 수효가 많아서 셀 수도 없고 기록할 수도 없사오니 누가 주의 이 많은 **백성**을 재판할 수 있사오리이까? 듣는 마음을 종에게 주사 주의 **백성**을 재판하여 선악을 분별하게 하옵소서. (7-9절)

솔로몬의 기도에는 "백성"이라는 단어가 네 번이나 반복됩니다. 그러니까 솔로몬은 일천번제와 함께 기도를 드리며 하나님의 인도를 받은 끝에 자신을 위한 기도가 아니라 백성을 위한 기도를 하게 된 것입니다. 우리가 솔로몬처럼 기도 중에 나를 향한 하나님의 마음과 이웃을 위한 하나님의 마음을 나누어 받는다면 결국 마땅히 구할 바를 구하게 될 것입니다.

솔로몬이 구한 것은 "듣는 마음"이었는데, 이는 '진실을 식별하는 감수성'을 뜻합니다. 즉, 솔로몬은 재판을 통해 선악을 분별함으로써 백성을 다스리는 능력을 구한 것입니다. 하나님이 솔로몬의 기도를 마음에 들어 하신 이유는 그가 하나님이 주고자 하신 것을 구했을 뿐만 아니라, 자신을 위해서가 아니라 백성들을 위해서 구했기 때문입니다. 그러면 하나님이 마음에 들어 하시는 기도를 드린 결과는 무엇이었습니까?

기도의 원리 : 솔로몬이 주기도문을?

놀랍게도 하나님은 솔로몬이 구하지 않은 부귀와 영광과 장수도 주셨습니다. 여기서 우리는 기도의 원리를 배울 수 있습니다. 주기도문을 요약한 구절인 마태복음 6:33은 "너희는 먼저 그의 나라와 그의 의를 구하라. 그리하면 이 모든 것을 너희에게 더하시리라"고 말씀합니다.

주기도문 전반부에 나오는 기도, "뜻이 하늘에서 이루어진 것같이 땅에서도 이루어지이다"는 먼저 하나님의 나라와 그의 의를 구하는 기도입니다. 그 결과, 주기도문의 후반부에 나오는 '일용할 양식'과 '죄 용서의 은총'과 '시험과 악으로부터의 보호'를 더해 주신다는 것이 주기도문의 구조입니다. 솔로몬은 주기도문의 구조와 동일하게 기도한 것입니다.

그는 먼저 '하나님의 나라와 하나님의 의'를 구했습니다. 솔로몬이 백성을 위해 재판할 수 있도록 선악을 분별하는 지혜를 구하자 하나님은 '이 모든 것'인 부귀와 영광과 장수의 복을 더해 주셨습니다. 우리는 대개 이 순서를 바꾸어 기도합니다. 부귀와 영광과 장수와 같이 우리에게 필요한 '이 모든 것'을 먼저 구하고, 정작 하나님의 나라와 하나님의 의를 구하지 못할 때가 많습니다. 열왕기 3장의 솔로몬처럼 기도해 보지 않겠습니까? 우리가 먼저 그의 나라와 그의 의를 구하며 하나님 마음에 드는 기도를 한다면 하나님이 우리가 구하지 못한 다른 은혜들도 더 해 주시지 않을까요?

더 사랑하는 자의 기도

열왕기상 3장에는 솔로몬이 하나님께 선악을 분별하는 지혜를 응답받은 다음에 마치 그것을 검증이라도 하듯 솔로몬의 재판 에피소드가 등장합니다. 한 집에 사는 두 여인이 각각 아기를 출산했습니다. 그런데 한 여인이 잠을 자다가 자기 아이 위에 눕는 바람에 그만 아이가 죽고 말았습니다. 그러자 이 여인은 죽은 자신의 아이를, 한 집에 사는 다른 여인의 아이와 바꿔치기를 했습니다. 다음 날 자신의 아이를 바꿔치기 당한 여인이 아이에게 젖을 먹이려고 보니 아이가 죽어 있었습니다. 그런데 자세히 보니 자신의 아이가 아니었습니다. 그리고 한 집에 사는 여인의 품에 안긴 아이를 보니 자신의 아이가 분명했습니다. 두 여인은 서로 살아 있는 아이가 자신의 아이라고 주장하던 끝에 솔로몬 왕의 재판을 받게 되었습니다.

솔로몬 왕이 어떻게 했습니까? 칼로 아이를 둘로 나누어 두 여인이

> 책갈피
>
> - 2장. 아브라함의 기도에서 더 사랑하는 자의 약함에 대해 묵상해 보라(32쪽).
> - 솔로몬의 기도의 원리와 23장. 예수님이 가르쳐 주신 기도의 원리를 연관지어 보라.

반반씩 나누어 갖도록 했습니다. 그러자 두 여인이 서로 다른 반응을 보였습니다. 가짜 엄마는 아이를 잘라서 자신의 것도, 상대방의 것도 되지 못하게 하자고 한 반면, 진짜 엄마는 자신의 아이가 사악한 여인의 아이로 자라는 것을 감수하면서라도 아이를 살려 달라고 간청했습니다. 그러자 솔로몬이 아이를 진짜 엄마에게 주도록 판결합니다. 이로써 하나님이 솔로몬에게 지혜를 주셨다는 사실이 검증되었고, 온 이스라엘이 솔로몬을 두려워하게 되었습니다.

모든 관계에는 덜 사랑하는 사람과 더 사랑하는 사람이 존재합니다. 덜 사랑하는 사람은 대개 자기 주장이 강하고 표현이 거칠기 마련인데, 그 이유는 상대방보다 자신을 위하기 때문입니다. 그러나 더 사랑하는 사람은 약합니다. 상대방을 더 사랑하여 그의 마음이 다치지 않기를 바라기 때문입니다.

솔로몬과 진짜 엄마의 공통점은 무엇입니까? 둘 다 더 사랑함으로 강하기보다는 약했으며, 자신을 위하지 않았다는 점입니다. 솔로몬은 자신보다 백성을 위했고, 진짜 엄마 역시 자신보다 아이의 생명을 위했습니다. 최고의 지혜는 사랑입니다.

열왕기 본문은 하나님이 바로 그런 모습을 마음에 들어 하셨다고 말씀합니다. 우리가 더 사랑하기에 강하기보다는 약해지고, 나 자신보다 누군가를 더 위한다면 하나님이 우리의 기도를 마음에 들어 하시지 않을까요?

모든 관계에는 간극이 있습니다. 하나님과 우리 사이에도 간극이 있고, 사람과 사람 사이에도 간극이 있습니다. 그런데 그 간극은 토론하고 타협한다고 좁혀지지 않습니다. 오로지 사랑으로만 채워질 수 있습니다. 기도가 무엇인지에 대해 수많은 정의를 내릴 수 있지만 결국 기도는 '하나님을 사랑하는 것'입니다.

열왕기 3장에서 솔로몬이 하나님께 기도했고, 하나님은 솔로몬에게 응답해 주셨습니다. 이 본문은 단지 인간이 하나님께 기도해서 원하는 바를 얻어 냈음을 말하고 있지 않습니다. 또한 하나님이 한 인간이 구한 것을 들어 주셨음을 말하고 있지 않습니다. 하나님은 솔로몬에게 백성을 사랑하시는 하나님의 마음을 나누어 주셨습니다. 그 결과 솔로몬은 백성을 사랑하는 마음으로 자신의 유익이 아니라 백성의 유익을 위해 간구했고, 하나님은 그것을 마음에 들어 하셨습니다.

하나님이 "내가 너에게 무엇을 줄꼬? 너는 구하라"고 하신다면 무엇을 구하겠습니까? 기도 중에 하나님의 마음을 나누어 받고 이웃을 사

| 핵심 내용 |

- 하나님은 우리가 기도할 때마다 당신의 마음을 나누어 주신다.
- 기도 중에 받은 하나님의 마음으로 우리는 마땅히 구할 바를 구하게 된다.
- 솔로몬은 단번에 하나님이 마음에 들어 하시는 기도를 한 게 아니었다. 그는 일천번제를 드리며 여러 번 기도하는 중에 하나님의 마음을 나누어 받았다.

랑하는 마음을 키우며 먼저 그의 나라와 그의 의를 구한다면 하나님이 우리의 기도를 마음에 들어 하시면서 가장 선한 것을 더하시지 않겠습니까?

"내가 너에게 무엇을 줄꼬? 너는 구하라."

기도 살아가기 ⑥

기도 돌아보기

- 내 영혼에 꼭 필요한 기도가 무엇이라고 생각하는가?

- 하나님이 솔로몬의 기도를 마음에 들어 하신 이유가 무엇일까?

영적 지도

- 기도 중에 하나님이 나에게 나누어 주신 마음은 무엇인가?

- 여러 차례 기도하며 기도의 방황 끝에 얻은 하나님의 마음을 헤아려 보고, 그 마음으로 간구하며 하나님이 원하시는 기도를 해 보라.

더 읽어 볼 책

- 케네스 리치, 『마음으로 드리는 기도』(은성)

7 | 삶의 이유를 찾고 싶을 때

한나의 기도

> 한나가 마음이 괴로워서
> 여호와께 기도하고 통곡하며 서원하여 이르되,
> "만군의 여호와여,
> 만일 주의 여종의 고통을 돌보시고
> 나를 기억하사 주의 여종을 잊지 아니하시고
> 주의 여종에게 아들을 주시면
> 내가 그의 평생에 그를 여호와께 드리고
> 삭도를 그의 머리에 대지 아니하겠나이다!"
> 사무엘상 1:10-11

기도의 강력한 동기 결핍

한국 교회 성도들이 가장 좋아하는 말씀 중 하나가 시편 23편입니다. "여호와는 나의 목자시니 내게 부족함이 없으리로다"(시 23:1). 그런데 그 이유를 가만히 생각해 보면 여호와께서 목자 되신다는 말씀보다 '부족함이 없을 것'이라는 말씀이 마음에 들기 때문인 듯합니다. 왜냐하면, 우리가 '부족함'과 '결핍'을 두려워하기 때문입니다. 기도는 부족함과 결핍을 하나님께 구하는 데서 시작되기 마련입니다. 사무엘상 1장에 등장하는 한나 역시 원하지 않았던 결핍 때문에 괴로워하면서, 그로 인해 기도했습니다.

하나님이 기도하게 하실 때

이스라엘 에브라임 지파에 엘가나라는 남자가 있었습니다. 그는 한나와 결혼했지만, 그녀가 아이를 낳지 못하자 브닌나와도 결혼해 자녀를 가졌습니다. 그러나 엘가나는 아이를 갖지 못한 한나를 더욱 사랑했습니다. 그는 하나님께 제사를 드린 다음 제물의 분깃을 브닌나보다 한나에게 갑절을 주었습니다. 그러자 브닌나가 한나를 모질게 조롱하고 아픈 곳을 건드려 하나님이 한나에게 자녀를 주시지 않은 것을 계속 의식하게 했습니다(참조. 삼상 1:6, 메시지 성경).

고대 근동 지역 여인들의 인생은 현재는 남편에게, 미래는 아들에게 달려 있었기 때문에, 자녀를 낳을 수 없다는 것은 곧 미래가 없다는 것을 의미했습니다. 브닌나는 그런 한나가 쓰라린 마음으로 눈물을 흘릴 때까지 괴롭혔고, 한나는 너무도 슬픈 나머지 식욕을 완전히 잃고 말았습니다. 그런 한나에게 남편 엘가나가 위로하는 말을 들어 볼까요? "여보, 왜 울기만 하오? 왜 먹지 않으려 하오? 왜 늘 그렇게 슬퍼만 하는 거요? 당신이 열 아들을 두었다고 해도, 내가 당신에게 하는 만큼 하겠소?"(삼상 1:8, 새번역)

우리 인생에 꼭 필요한 것이 결핍되어 있을 때, 가장 가까운 사람도 전혀 위로가 되지 않을 때, 하나님이 나를 버리신 게 아니라 나의 결핍을 채우기 위해 기도하라는 신호를 보내시는 것일 수 있습니다.

여호와께서 그에게 임신하지 못하게 하시므로. (6절)

이 말씀을 다른 말로 바꾸면 "하나님이 한나로 하여금 기도하게 하셨다"고 할 수 있습니다. 하나님이 우리가 기도하지 않으니 기도하게 하시려고 일부러 어려운 일을 주시지는 않습니다. 다만 우리 인생 자체가 불완전하기 때문에 때론 아무 이유 없이 어려운 일이 일어나기도 합니다. 그때 하나님은 그런 일들을 사용하셔서 우리에게 다음과 같이 말씀하십니다. "그 문제를 나에게 가져오거라. 그러면 내가 그것을 가지고 너에게 새 일을 행할 것이고, 너는 내가 너의 하나님이라는 것을 알게 될 것이다."

우리 그리스도인들이 참으로 복된 것은, 아무리 낙심되고 절망스러운 순간이 와도 기도할 수 있기 때문입니다. 인생의 막다른 지점에서도 우리는 기도할 수 있으며 하나님은 새 일을 행하십니다. 따라서 결핍과 부족함의 때는 표면적으로는 어렵고 힘든 시간인지 모르지만, 사실 은혜의 때입니다. 왜냐하면 하나님이 우리로 기도하게 하신 후에 우리에게 선한 일을 행하시기 때문입니다.

거룩한 불만족과 영적 성장

어찌 보면 한나는 그냥 체념하며 살 수도 있었습니다. 남편도 브닌나보다 한나 자신을 더 많이 사랑하니, 그냥 남편의 사랑에 만족하며 살 수도 있는 것 아닙니까? 그러나 만일 한나가 남편의 사랑으로 만족하며 살았다면 기도하지 않았을 것이고, 그 결과 이스라엘의 마지막 사사인 사무엘은 존재하지 못했을 겁니다. 은혜받은 심령에게는 '거룩한 불만족'이 있습니다. 성장하는 영혼은 어느 정도 은혜를 받았다고 해서 만족하지 않습니다. 그래서 A. W. 토저는 "영적 성장에 있어서 만족은 우리의 원수"라고 했습니다.[15]

영적으로 성장하는 데 있어 현재 수준에 만족하십니까? 그렇다면 나의 영적 성장은 거기서 멈출지도 모릅니다. 한나는 남편의 사랑으로 만족할 수 없었습니다. 본문을 깊이 들여다보면, 한나는 아들을 낳지 못하는 좌절감에 휩싸여 있기보다 하나님이 자신을 버리지 않으셨다는 사실을 확인하고 싶어 했음을 알 수 있습니다.

> 만군의 여호와여, 만일 주의 여종의 고통을 돌보시고 나를 기억하사 주의 여종을 잊지 아니하시고 주의 여종에게 아들을 주시면, 내가 그의 평생에 그를 여호와께 드리고 삭도를 그의 머리에 대지 아니하겠나이다! (11절)

"하나님은 정말 저의 고통을 돌아보시는 분입니까?" "정말 저를 기억하고, 잊지 않고 계십니까?" "제가 하나님께 버림받은 여인이 아니라는 사실을 알고 싶습니다." 한나는 아들 주심을 통해 이 같은 사실을 확인하고 싶었던 것입니다. 만일 한나의 갈망의 초점이 아들 하나 낳는 것에 맞춰져 있었다면, 나중에 사무엘을 하나님께 바치지 못했을 겁니다.

그러면 한나는 어떻게 기도했을까요?

한나의 기도법

한나가 마음이 괴로워서 여호와께 기도하고 통곡하며. (삼상 1:10)

첫째, 한나는 하나님 앞에서 괴로워하고, 기도하고, 통곡했습니다. 한나처럼 감정을 쏟아 놓고, 내 속에 있는 모든 것을 토해 놓을 때, 기도 중에 잡념이 생기지 않고, 현재에 충실히 깨어 있으면서 현존하시는 하나님의 임재를 맛볼 수 있습니다.[16] 그래서 시편은 말씀합니다. "백성들아, 시시로 그를 의지하고 그의 앞에 마음을 토하라"(시 62:8).

간혹 기도 중에 하나님 앞에 우두커니 앉아 이런저런 생각을 하다가 기도를 마칠 때가 있습니다. 하나님께 드리지 못한 나 혼자만의 상념으로는 기도의 열매를 맺는 데 한계가 있습니다. 가령, 친구를 만났는데 그 친구 앞에 앉아 아무런 감정 표현이나 대화도 하지 않고, 그냥 이 생각, 저 생각만 하다가 헤어진다면, 두 사람 간에 인격적인 교제가 이루어졌다고 하기 어렵겠지요?

둘째, 한나는 오래 기도했습니다. "그가 여호와 앞에 오래 기도하는 동안"(12절). 어떤 자매가 제게 이런 질문을 한 적이 있습니다. "목사님, 저는 항상 하나님과 대화합니다. 출근할 때도, 버스 안에서도, 퇴근할 때도 항상 기도하는데 굳이 따로 시간을 내서 기도할 필요가 있을까요?" 저는 이렇게 대답했습니다. "만일 자매가 출근할 때마다 버스 정류장에서 마주치는 남자가 있다고 합시다. 매일 인사도 하고, 가는 방향이 같아서 환담도 나눌 뿐만 아니라, 퇴근길에도 마주치면 시시콜콜한 이야기를 나눕니다. 그러나 그렇다고 해서 그 사람과 결혼할 수 있나요? 적어도 결혼할 관계라면, 따로 만나 식사도 하고, 차도 마시고, 깊이 있는 대화도 나누면서 교제를 해 봐야겠지요? 마찬가지로, 하나님과의 관계가 발전하려면, 따로 시간을 내어 깊이 교제하는 기도도 필요합니다."

한나는 지금 하나님 앞에서 괴로워하기도 하고, 결연한 의지로 서원하기도 하고, 하나님이 주시는 확신을 응답받기도 하며 깊이깊이 기도하고 있습니다. 오래 기도한다는 것은 깊이 기도하는 것을 의미합니다. 그렇게 깊이, 충분히 기도하는 동안 무슨 일이 일어날까요?

> 한나가 속으로 말하매 입술만 움직이고
> 음성은 들리지 아니하므로. (13절)

이것은 무엇을 의미합니까? 기도 안에서 하나님이 나보다 더 커지시는 것을 경험한 것입니다. 기도를 시작하는 시점에서는 아무래도 비율상 나의 자아가 더 크고 하나님의 비중은 적다고 할 수 있습니다. 내 목소리가 더 크고, 하나님의 소리는 작습니다. 그러나 기도를 더욱 깊이 진전시켜 나가다 보면, 나는 줄어들고, 하나님이 점점 커지시기 시작합니다. 나의 목소리가 작아지고, 하나님의 음성은 커지고, 나보다 하나님이 더 많이 말씀하시는 순간이 옵니다. 그래서 결국 하나님이 원하시는 것을 알게 되지요.

참된 기도는 '나'로 시작해 '하나님'으로 끝납니다. 우리의 기도는 '나'로 시작해 '나'로 끝날 때가 많지 않습니까? 수학 공식처럼 따질 수 있는 것은 아니지만 이 같은 가정은 가능하다고 봅니다. 기도의 시간이 짧고 단발적이기만 할 때 기도는 '나'로 시작해 '나'로 마칠 가능성이 높습니다. 결과적으로 하나님의 뜻에 도달하기보다 나의 뜻에 머물러 있게 되겠지요? 그러나 여러 차례에 걸쳐 충분한 시간 기도하다 보면 '나'로 시작했던 기도가 마침내 하나님께 도달합니다. 하나님의 음성도 기도의 시작점보다는 중간 지점을 넘어 마지막에 다다랐을 때 들려올 가능성이 크다고 할 수 있지요.

	기도의 구조	하나님과 기도자의 비중
시작	나 **하나님** 나 나 나 나 나 **하나님** 나 나 나 **하나님** 나 나 나 **하나님** 나 나 나 나 **하나님**	나의 음성 〉 하나님의 음성
중간	**하나님** 나 **하나님** **하나님 하나님** 나 **하나님** **하나님** 나 **하나님 하나님 하나님** **하나님 하나님** 나 **하나님 하나님** 나 **하나님 하나님 하나님** 나 **하나님**	나의 음성 = 하나님의 음성
끝	**하나님**	나의 음성 〈 하나님의 음성

한나는 그렇게 주님 앞에 괴로워하고 통곡하고 주님과 교제하며 깊이 오래 기도하던 끝에 나로 시작해 하나님으로 마치는 기도를 했습니다. 그러한 기도 안에서 하나님은 한나를 어떻게 빚으셨습니까?

얼굴에 다시는 근심 빛이 없더라. (18절)

한나에게는 아직 아들이 생기지 않았습니다. 그러나 하나님과 함께 오래 있는 시간을 통해 하나님에 대한 신뢰가 한나의 영혼 안에 가득 찼습니다. 그 결과 얼굴에서 근심 빛이 없어졌지요. 그런데 여러분, 이러한 변화가 어떻게 한 번에 가능하겠습니까? 사무엘상 1장 본문에는 한나가 단번에 근심 빛이 없어진 것처럼 기록하지만 "매년"(삼상 1:3)이라는 단어를 볼 때, 한나가 여러 차례에 걸쳐 기도했음을 짐작할 수 있습니다. 한나는 매년 실로에 올라가 제사 드릴 때마다 브닌나에게 괴롭힘을 당하고, 남편 엘가나에게서 내가 열 아들보다 낫지 않냐는, 전혀 위로가 되지 않는 말을 들으며 수년간 기도한 것입니다. 그러던 끝에 한나는 기도의 정점에 다다랐습니다. 그러자 엘리 선지자가 축복해 줍니다.

평안히 가라. 이스라엘의 하나님이 네가 기도하여 구한 것을 허락하시기를 원하노라. (17절)

아들을 달라고 기도한 한나, 이제 어떻게 합니까? 프레드 크릭스가 쓴 『기도에 대한 다섯 가지 응답』을 보면 하나님의 응답에는 "좋다" "안 된다" "기다려라, 아직은 때가 아니다" "그것은 네가 할 일이다" "그 문제는 내가 알아서 하마" 등 다섯 가지가 있습니다. 한나는 이 가운데 바로 네 번째 응답에 동참합니다.

> 그들이 아침에 일찍이 일어나 여호와 앞에 경배하고 돌아가 라마의 자기 집에 이르니라. 엘가나가 그의 아내 한나와 동침하매 여호와께서 그를 생각하신지라. 한나가 임신하고 때가 이르매 아들을 낳아 사무엘이라 이름하였으니 이는 내가 여호와께 그를 구하였다 함이더라. (삼상 1:19-20)

만일 한나가 아들을 달라고 기도한 다음에 "내가 열 아들보다 낫지 아니하냐?"라고 말하던 남편과 각방을 썼다면 아들이 생겼을까요? 우

책갈피

- 2장. 아브라함의 기도에서 아브라함과 사라가 이삭을 낳기 위해(35쪽), 그리고 이번 장에서 한나가 사무엘을 낳기 위해 다섯 가지 기도 응답 중 "그것은 네가 할 일이다"라는 응답에 참여해야 했던 것을 서로 연관 지어 묵상해 보라.
- 4장. 느헤미야의 기도에서 느헤미야가 하나님을 백 퍼센트 신뢰하고 백 퍼센트 최선을 다한 일(58쪽)과 한나가 하나님께 아들을 구하고 남편 엘가나와 동침한 일을 비교해 보라.

리가 기도한 대로 삶을 일치시킬 때 기도는 능력을 입고 하나님의 응답에 가까이 다가가게 됩니다.

사무엘상 말씀은 하나님의 응답을 은혜스럽게 표현합니다.

여호와께서 그[한나]를 생각하신지라. (19절)

"생각하신지라"는 단어는 구약 성경에 908회 등장하는데, 이는 누군가를 돕는다는 뜻입니다. 그러니 19절은 "여호와께서 한나를 도우신지라"를 의미합니다. 우리가 기도할 때 하나님은 우리를 도우십니다.

하나님이 더 크시다

우리는 기도하고 응답받는 동안 인생의 그 어떤 문제보다 하나님이 더 크심을 알아 갑니다. 사업이 잘될까, 장사가 잘될까 하는 문제보다 하나님이 더 크십니다. 건강이 회복될 수 있을까, 자녀가 잘 성장할 수 있을까 하는 문제보다 하나님이 더 크십니다. 그런데 우리가 기도하지 않으면 하나님보다 우리가 직면한 인생의 문제가 더욱 커 보입니다.

이런 말이 있지요? "믿음이 하나님이 일하실 수 있는 환경이라면, 두려움은 마귀가 일할 수 있는 환경이다."[17] 우리가 기도할 때, 비로소 두려움에서 벗어나 하나님이 더 크게 보이기 시작합니다. '꿈이 있는 자유'의 찬양 "너 결코"의 가사입니다. "너는 결코 작지 않도다. 너를 위해 이루신 주님의 능력을 보라. 너는 이제 약하지 않도다. 네 안에 계신 주님이 세상보다 크시니."

우리가 기도할 때, 하나님이 삶의 문제보다 더 커 보이기 시작합니다. 또한 주님의 함께하심 안에 있는 내가 결코 작지 않고, 약하지 않음을 알게 됩니다. 한나는 매년 당하는 어려움 속에서 그 어려움을 기도로 바꾸면서 아이를 낳지 못하는 아픔보다 하나님이 더 크심을 보게 되었습니다. 동시에 아이를 낳지 못하는 문제보다 자신이 결코 작지 않음을 알게 되었습니다. 그 결과 남편 엘가나와 동침한 후 사무엘을 얻습니다.

기도로 삶의 의미를 찾다

우리 인생에는 세 가지 중요한 질문이 있습니다. 첫째, "나는 누구인가?" 둘째, "어떻게 살 것인가?" 셋째, "무엇을 위하여 살 것인가?"입니다.

한나는 처음에 하나님께 버림받은 줄 알았지만, 기도하고 응답받으며 이 세 가지 질문에 대한 답을 찾았습니다. 첫째, 그녀는 자신이 하나님의 자녀임을 깨닫습니다. 자신이 누구인지 깨닫게 되자 둘째, 어떻게 살아야 할지 알게 되었습니다. 그래서 한나는 브닌나에게 복수하지 않습니다. 셋째, 오랜 시간이 지난 후에 한나는 하나님이 주신 아들 사무엘이 자신에게 주신 아들일 뿐 아니라 이스라엘의 중요한 지도자로 자라나게 되었음을 알게 됩니다. 이러한 깨달음은 그녀가 단지 한 아이의 어머니를 넘어, 기도하는 여인으로 하나님께 쓰임받는 삶을 살게 했습니다.

한나가 사무엘을 하나님께 드리자 좋으신 하나님은 한나에게 아들 셋과 딸 둘을 더해 주셨습니다(삼상 2:20). 이 같은 사실은 무엇을 의미합니까? 한나가 이제 자녀를 얻고 못 얻고를 초월해 하나님의 사람으로서 하나님의 일을 감당하며, 하나님을 위해 사는 사람이 되었음을 의미합니다. 우리는 기도하고 응답받을 때 비로소 내가 누구이며, 어떻게 살아야 하며, 무엇을 위해 살아야 하는지를 깨닫게 됩니다.

한나처럼 기도해 보지 않겠습니까?

> 핵심 내용
>
> - 인생의 결핍은 하나님이 기도하라고 보내시는 신호다.
> - 기도 가운데 결핍을 하나님 앞에 가져갈 때 하나님이 새 일을 행하신다.
> - 참된 기도는 나로 시작해 하나님으로 마친다.
> - 기도하지 않으면 하나님보다 인생의 문제가 더 커 보이지만 기도하면 문제보다 하나님이 더 커 보인다.

기도 살아가기 ⑦

기도 돌아보기
- 하나님이 인생에 찾아온 큰 문제로 인해 기도하게 하신 적이 있는가?

- 충분한 시간 동안 깊이 기도해야 하는 이유는 무엇인가?

영적 지도
- 기도를 깊이 하기 위해 기도 시간을 조금씩 늘려 보라.

- 기도의 내용이 어떻게 진전되는지 기록해 보라.

더 읽어 볼 책
- A. W. 토저, 『하나님을 추구함』(생명의말씀사)

8. 하나님께 달린 기도

엘리야의 기도

> 여호와여, 내게 응답하옵소서.
> 내게 응답하옵소서.
> 이 백성에게 주 여호와는 하나님이신 것과
> 주는 그들의 마음을 돌이키심을 알게 하옵소서.
> 열왕기상 18:37

기도와 인과응보

사람들은 좋은 일이나 나쁜 일이 생겼을 때 그 일 자체에 담긴 의미보다는 그런 일이 일어난 이유를 더 알고 싶어 합니다. 비그리스도인들의 경우 좋은 일이 생겼는데 아무리 원인을 찾아도 모르겠을 때 결국 "조상님의 묏자리를 잘 썼기 때문"이라고 합니다. 그리스도인들 중에도 좋은 일이 생겼을 때 자신이 삼대째 기독교 집안이고 기도가 많이 쌓였기 때문이라고 말하기도 합니다. 이처럼 사람은 궂은 일이 아니라 좋은 일이 생겼을 때조차 원인과 결과의 틀에서 해석해야 비로소 안도하는 경향이 있습니다.

해마다 입시철이 다가오면 수험생을 둔 부모들이 시험을 앞둔 자녀들에게 하는 격려가 있습니다. "올해 엄마가 널 위해서 매일 새벽 열심히 기도하고 있단다. 그러니까 좋은 성적을 거두게 될 거야." 그러면 곁에 있던 아빠도 지지 않고 이렇게 보탭니다. "얘야, 아빠 말이다. 널 위해 저녁 금식 기도를 시작했단다. 그러니까 잘될 거야. 염려하지 말고 열심히 공부하렴!"

그러나 기도 응답이라는 결과를 위해 어떤 원인을 만들어 내야 한다고 생각해서는 안 됩니다. 그런 식의 사고방식은, 기도가 하나님께 달린 것이 아니라 우리에게 달려 있다고 오해하게 만듭니다. 그렇게 되면 기도는 하나님과의 즐거운 교제가 아니라, 원하는 것을 얻기 위해 애써야 하는 고된 수고처럼 느껴질 수 있습니다.

양다리

엘리야는 북이스라엘의 아합 왕 때 활동했던 선지자입니다. 아합 왕 때 이스라엘은 역사상 가장 강력한 군사력을 갖추었고, 이웃 나라들과 외교 활동을 활발히 하면서 평화와 공존 정책을 추구했습니다. 그런데 문제는 아합 왕이 이민족의 종교까지 받아들이고 종교 혼합 정책을 펼쳤다는 데 있었습니다. 뿐만 아니라 그는 바알을 섬기는 이세벨을 아내로 맞이하기도 했습니다. 국가적으로 바알 종교를 수용한 결과 이스라엘 백성은 하나님도 섬기고 바알이라는 우상도 섬기게 되었습니다.

이스라엘은 철저히 하나님만 섬겨 온 백성인데, 어떻게 이렇게 쉽게 하나님도 섬기고 바알도 섬기는, 양다리를 걸치게 되었을까요? 당시 바알 종교는 이스라엘에게 매우 매력적으로 보일 수밖에 없었는데, 그 이유는 바로 농경 문화에 있었습니다. 이스라엘 백성은 가나안 땅에 정착해 농사를 지으며 사는 동안 하나님이 아니라 바알이 가나안 땅에 비를 내려 준다고 믿었습니다.

사실 바알이라는 신은 실존하는 신이 아니라, 가나안 사람들이 비라는 자연 현상을 보고 만들어 낸 우상입니다. 가나안 사람들은 바알 신과 아세라 여신이 성적인 결합을 할 때 비가 온다고 생각했습니다. 그래서 계속 비가 오게 하려면 바알과 아세라가 성적으로 흥분하도록 만들어야 한다고 여겼고, 바알 신전에 창기들을 두어 음란한 예배를 드렸습니다.

더욱 심각한 점은 이스라엘 백성이 하나님도 믿고 바알도 믿었지만, 점점 바알을 하나님으로 여기기 시작했다는 점입니다. 엘리야는 그런 이스라엘 백성을 다음과 같이 꾸짖었습니다.

"여러분은 언제까지 양쪽에 다리를 걸치고 머뭇거리고 있을 것입니까? 주님이 하나님이면 주님을 따르고, 바알이 하나님이면 그를 따르십시오." 그러나 백성들은 한 마디도 그에게 대답하지 못하였다. (왕상 18:21, 새번역)

이스라엘은 하나님과 바알 사이에서 양다리를 걸친 결과 하나님을 하나님으로 보지 못하게 되고 말았습니다. 그래서 엘리야는 아합 왕에게 바알이 진짜 하나님인지, 하나님이 진짜 하나님인지 기도와 응답으로 판가름하자고 제안합니다.

그런데 그 방법이 매우 독특했습니다. 바알에게 드리는 제단과 하나님께 드리는 제단을 쌓고, 송아지 한 마리를 잡아 각을 떠 제단 위에 올려놓은 뒤, 각각의 신에게 기도해 불로 제단을 태우는 신을 참 하나님으로 인정하자는 것이었습니다. 그리고 800명의 바알과 아세라 제사장들에게 먼저 기도하게 했습니다. 바알의 제사장들이 어떻게 기도했을까요?

중언부언하는 기도란?

바알의 제사장들은 아침부터 낮까지 큰 소리로 외쳤습니다. "바알이여, 우리에게 응답하소서"(26절). 비슷한 장면을 사도행전 19장에서 볼 수 있습니다. 바울이 에베소를 방문했을 때, 거기에는 아데미 여신을 섬기는 사람들이 있었습니다. 그들이 연극장에 모여 무려 두 시간 동안 "크도다, 아데미여! 크도다, 아데미여!"라고 외쳤습니다. 예수께서는 이방인같이 중언부언하지 말라고 하셨습니다(마 6:7). 중언부언이란 반복해 주문을 외듯 말을 많이 하는 것을 뜻합니다.

"바알이여, 응답하소서!" "바알이여, 응답하소서!" "바알이여, 응답하소서!"

"크도다, 아데미여!" "크도다, 아데미여!" "크도다, 아데미여!"

"열려라, 참깨!" "열려라, 참깨!" "열려라, 참깨!"

주문의 특징은 무엇일까요? 주문에서 중요한 것은 그것을 듣는 대상이 아니라 주문을 외는 사람입니다. 주문을 잘 외면 문이 열리고, 주문을 잘못 외면 문이 열리지 않습니다. 그런데 기도는 하나님께 주문을 걸어 내 마음대로 움직이는 것이 아닙니다. 과연 하나님이 "너희가 주문을 올바로 외면 기도를 들어주고 주문이 틀리면 들어주지 않겠다"고 하실까요? 혹시 기도를 주문 외우듯 하고 있지는 않습니까?

800명의 바알 제사장들이 오전 내내 "바알이여, 응답하소서"를 외쳐도 아무런 응답이 없자, 엘리야가 조롱합니다.

> 큰 소리로 부르라. 그는 신인즉 묵상하고 있는지, 혹은 잠깐 나갔는지, 혹은 길을 행하는지, 또는 잠이 들어서 깨워야 할 것인지. (27절)

그러자 바알 제사장들이 큰 소리로 부르며 칼과 창으로 자기 몸을 찔러 온몸에 피가 흐르게 합니다. 예수께서 기도를 이방인들처럼 하지 말라고 하신 것은, 기도를 공로처럼 여기지 말라는 뜻입니다. 바알 제사장들은 왜 스스로를 상하게 했을까요? 그렇게 하면 신의 응답을 얻을 수 있으리라 믿었기 때문입니다. 그것은 일종의 자기 희생이자 자기 공로였습니다.

때론 우리도 기도를 공로 세우듯 할 때가 있습니다. 어느 날 저녁 집사님 한 분이 제게 다음과 같은 카톡을 보내셨습니다. "목사님, 저녁 금식하고 야식 먹으면 저녁 금식은 무효인가요?" 저는 그냥 감사 기도를 하고 드시라고, 그래도 괜찮다고 답했습니다. 기도는 공로가 아니기 때문입니다. 사실 우리가 하나님께 기도할 수 있다는 것 자체가 은혜입니다.

바알의 제사장들은 주문을 외듯, 그리고 자기 공로에 빠져 기도했지만 그런 그들의 기도에는 아무런 응답이 없었습니다. 그러면 엘리야는 어떻게 기도했을까요?

하나님을 아는 기도

엘리야는 모든 백성이 가까이 오게 한 다음 "여호와의 이름을 의지하여"(32절) 이스라엘 열두 지파의 수대로 열두 개의 돌로 제단을 쌓았습니다. 그러고는 제단 주위에 도랑을 넓게 판 다음 제단 위에 송아지의 각을 떠서 펼쳐 놓고 들통 네 개에 물을 채워 송아지와 장작 더미에 세 번이나 붓게 했습니다. 그러자 제물과 장작이 홍건히 젖고 제단 주위 도랑에 물이 흘러넘칩니다. 마침내 엘리야가 기도하자 어떻게 됐습니까?

> 이에 여호와의 불이 내려서 번제물과 나무와 돌과 흙을 태우고
> 또 도랑의 물을 핥은지라. (38절)

엘리야의 기도에는 주문이나 공로와 같은 요소가 전혀 없었습니다.

그는 철저히 하나님을 의지하고 신뢰했습니다. 36절에 나오는 엘리야의 기도에는 다음 세 가지가 명료하게 드러납니다. 첫째, 하나님, 둘째, 기도하는 나 자신, 셋째, 내가 구하는 내용입니다.

하나님을 아는 지식	"아브라함과 이삭과 이스라엘의 하나님 여호와여, 주께서 이스라엘 중에서 하나님이신 것과"
자신을 아는 지식	"내가 주의 종인 것과"
구하는 바	"내가 주의 말씀대로 이 모든 일을 행하는 것을 오늘 알게 하옵소서. 이 백성에게 주 여호와는 하나님이신 것과 주는 그들의 마음을 되돌이키심을 알게 하옵소서."

반면 바알 제사장들의 기도는 첫째, 기도의 대상이 불명확했습니다. 둘째, 기도하는 자신들에 대해 잘 알지 못했습니다. 자신들이 죽은 신에게 기도하고 있다는 사실도 잘 몰랐습니다. 셋째, 구하는 바가 불명확했습니다. 기도를 하는데 하나님이 어떤 분인지, 내가 어떠한 상태인지, 내가 무엇을 구하는지 모르겠다면, 주문을 외듯, 공로를 쌓듯 기도하고 있을 가능성이 높습니다.

엘리야의 기도를 보면, 그가 기도를 들으시는 하나님이 어떤 분이신지, 그리고 기도하는 자신이 누구인지를 알고, 하나님과 인격적인 관계를 맺고 있었음을 알 수 있습니다. 또한 그는 무엇을 구해야 하는지 분명히 알고 있었습니다. 그는 단순히 제물이 불타기를 요청한 것이 아니라, 이스라엘 백성들이 여호와가 참 하나님이심을 깨닫고 그들의 마음이 하나님께로 돌아오기를 간구했습니다. 그 결과 하늘로부터 불이 내려와 재물을 태웠습니다. 엘리야뿐만 아니라 성경의 모든 인물들의 기도를 보면, 기도가 단순한 수단이나 방법 이상의 의미를 가지고 있음을 알 수 있습니다.

삶 전체로서의 기도

한 사람의 기도에는 그를 만나 주신 하나님과 그가 처한 삶의 문제와 정황 등 인생 전체가 고스란히 담겨 있습니다. 솔로몬의 기도에서 우리는 솔로몬의 하나님을 만납니다. 아브라함의 기도에서는 아브라함의 하나님을, 한나의 기도에서는 한나의 하나님을 만납니다. 또한 그들이 어떤 상황에서 어떤 기도를 했으며, 하나님이 그들에게 어떻게 역사하셨는지, 즉 그들의 삶 전체를 볼 수 있습니다.

반면 바알 선지자들의 기도는 그들의 삶에서 극히 일부분에 불과했습니다. 그래서 그들은 바알이 참 신인지, 하나님이 참 신이신지에 관심이 없었으며, 그들의 기도에는 그들의 삶이 담겨 있지 않았습니다. 그러다 보니 기도가 주문이자 공로가 되었습니다. 엘리야의 기도에는 그의

> 책갈피
>
> 4장. 느헤미야의 기도(1)에서 하나님을 알고 나를 알 때 무엇을 구해야 하는지 알게 된다는 내용을 참고해 보라(54쪽).

삶 전체가 담겨 있었습니다. 하나님을 아는 지식, 하나님에 대한 체험, 하나님과의 관계 안에서의 자기 이해가 있었기에 하나님의 마음에 합한 것을 구했습니다. 그는 갈멜산 대첩에서 대승을 거두었을 때도 기도했고, 이세벨에게 쫓겨 죽게 되었을 때도 로뎀나무 아래에서 기도했습니다. 만일 우리가 기도를 하나님께로부터 원하는 것을 얻기 위한 수단과 방법으로만 치부한다면 우리의 기도는 삶 전체를 포함할 수 없습니다.

나의 기도는 나의 삶에서 지극히 일부분에 불과합니까? 아니면 나의 삶 전체가 기도에 담겨 있습니까? 기도에서 중요한 것은 내가 원하는 응답을 받았는가, 못 받았는가에 있는 것이 아니라 모든 것을 하나님과 함께한다는 데 있습니다. 실패의 때에 하나님과 함께하다 보니 실패가 실패 이상이 되는 것을 경험합니다. 건강을 잃었을 때, 병원에 다니고 치료받는 것을 경험하는 데서 그칠 수도 있습니다. 그러나 기도하면서 하나님과 함께하다 보면, 육신의 연약함이 전혀 다른 새로운 무언가가 되는 것을 경험합니다.

박영선 목사님의 저서 『기도』에 등장하는 아름다운 글을 소개하려 합니다. 이 글에서는 기도를 꽃밭에 비유합니다.

흙밭에 꽃씨를 뿌리면 흙이 꽃씨를 삼킨 것처럼 보입니다. 마찬가지로 우리가 기도를 했을 때 기도 응답이 없으면, 우리의 현실이 나의 기도를 삼킨 것처럼 보입니다. 그러나 나중에 밭에 꽃이 피면, 우리는 '꽃이

핀 밭이라고 부르지 않고, '꽃밭'이라고 부릅니다. 우리의 삶에 어떤 기도는 꽃이 피듯 응답이 있고, 어떤 기도는 그냥 꽃을 피우지 못한 흙밭 같습니다. 그러나 나중에는 응답을 받은 부분이나 그렇지 않은 부분이나 우리의 삶 전체가 꽃밭이 됩니다. 기도라는 꽃씨를 주신 분도 하나님이시고, 꽃을 피우게 하시는 분도 하나님이십니다.[18]

따라서 기도는 우리에게 달린 것이 아니라 하나님께 달린 것입니다.

> 엘리야는 우리와 성정이 같은 사람이로되 그가 비가 오지 않기를 간절히 기도한즉 삼 년 육 개월 동안 땅에 비가 오지 아니하고 다시 기도하니 하늘이 비를 주고 땅이 열매를 맺었느니라. (약 5:17)

엘리야가 우리와 성정이 같은 사람이라는 말씀의 뜻은 "엘리야는 우리와 같은 보통 사람이지만"입니다. 이 말씀은 기도가 기도하는 사람의 성정, 본성, 인간됨에 달린 것이 아니라 하나님께 달린 것이라는 뜻입니다. 성경 인물들의 기도를 자세히 들여다보면 그들이 기도 응답에 연연했던 것 같으면서도, 삶 전체를 하나님과 함께하는 것을 즐거워했음을 알 수 있습니다.

내 삶의 지극히 작은 부분에 대해서만 기도하기보다는 삶 전체를 가지고 기도 안으로 풍덩 뛰어들어 보면 어떨까요? 삶 전체를 기도에 담아 하나님께 드릴때, 그 기도는 응답이 어떻게 되든 하나님을 신뢰하는 일이 될 것입니다.

엘리야의 이름의 뜻은 "나의 하나님은 여호와시다"입니다. 기도한다는 것은 하나님이 나의 하나님이심을 인정하는 것입니다.

> **핵심 내용**
>
> - 참된 기도에는 자기 희생이나 공로와 같은 요소가 없고 하나님께 대한 의존과 신뢰가 있다.
> - 기도는 나에게 달린 것이 아니라 하나님께 달린 것이다.
> - 하나님을 아는 지식, 나 자신을 아는 지식, 그리고 구하는 바 등 세 가지가 명료하지 않은 상태에서 기도할 때 중언부언하게 된다.
> - 기도한다는 것은 나의 삶 전체를 하나님과 함께한다는 것을 의미한다.
> - 삶 전체를 하나님께 기도로 드릴 때 삶은 그 이상의 의미를 지닌다.

기도 살아가기 ⑨

기도 돌아보기
- 나의 기도에 자기 공로적 요소가 있다면 무엇인가?

- 나의 기도에서 하나님을 아는 지식, 나를 아는 지식, 내가 구하는 바 세 가지 중 가장 모호한 것은 무엇인가?

영적 지도
- 기도할 때, 하나님을 아는 지식과 나를 아는 지식, 그리고 내가 구하는 바 이 세 가지를 분명히 해 보라.

더 읽어 볼 책
- 박영선, 『박영선의 기도』(무근검).

3부

기도의 성장
-사귐의 기도-

―

하나님과의 사귐은 언제 깊어질까요?

하나님이 나의 기도에 응답하시지 않을 때,
하나님이 나의 뜻을 이루어 주시지 않을 때,
하나님이 나를 버리신 것 같을 때,
그러한 순간조차
하나님을 붙들고 하나님께 붙들려 있을 때,

영혼의 어둔 밤이 지나고
새벽이 밝아 오며
하나님과의 사귐은 깊어집니다.

9 어떻게 기도해야 할지 모를 때

병든 아들을 둔 아버지의 기도

> 우리를 불쌍히 여기사 도와주옵소서.
> 나의 믿음 없는 것을 도와주소서.
> 마가복음 9:22, 24

기도하는 이유

주님 제가 기도 드리는 것은

박동현

주님, 제가 기도 드리는 것은
제가 기도를 잘해서가 아니라
어찌할 바를 모르기 때문입니다.

주님, 제가 기도 드리는 것은
기도의 공적을 쌓기 위해서가 아니라
하나님의 은혜만이
저의 희망이기 때문입니다.

주님, 제가 기도 드리는 것은
제가 무엇을 아뢰기 위해서가 아니라
주님의 말씀을 듣고 싶기 때문입니다.

주님, 제가 기도 드리는 것은
제 뜻을 이루기 위해서가 아니라
하나님의 뜻에 따르고 싶기 때문입니다.[19]

저마다 기도하는 이유가 있습니다. 박동현 교수님의 시처럼 우리는 오직 하나님의 은혜만이 우리의 희망이기에 기도합니다. 그리고 왜 나에게 이러한 일이 일어났는지 하나님이 딱 한 말씀만 해 주시면 모든 의문이 풀릴 것 같아서, 하나님의 음성이 듣고 싶어 기도합니다. 결국 우리는 영원하신 하나님의 뜻에 따르고 싶기 때문에 기도합니다. 그러나 많은 경우 우리는 어찌할 바를 몰라서 기도합니다.

있는 그대로를 말씀드리기

마가복음 9장에도 어찌할 바를 몰라 기도하는 한 사람이 등장합니다. 그는 병든 아들을 둔 아버지입니다.

> 무리 가운데 한 남자가 대답했다. "선생님, 귀신 때문에 말을 못하는 제 아들을 선생님께 데려왔습니다. 귀신이 사로잡을 때마다 아이가 바닥에 거꾸러져, 입에 거품을 물고 이를 갈면서 막대기처럼 굳어집니다. 선생님의 제자들에게 구해 주기를 바라고 말했지만, 그들은 하지 못했습니다." (막 9:17-18, 메시지)

이 사람의 기도를 자세히 들여다보면, 그저 있는 사실 그대로를 주님께 말씀드리고 있다는 것을 알 수 있습니다. 예수님이 오병이어의 기적을 일으키실 때 제자들도 이와 비슷하게 말했습니다. "여기 우리에게 있는 것은 떡 다섯 개와 물고기 두 마리뿐이니이다"(마 14:17). 이처럼 하나님께 우리의 현재 상황을 있는 그대로 말씀드리는 것은 매우 바람직한 기도입니다. 우리가 기도할 때 자주 저지르는 실수가 있습니다. 마치 우리가 하나님보다 무엇이 가장 선한지 더 잘 아는 것처럼, 각본을 모두 짜 놓고 하나님께 승인을 요청하듯 기도하는 것입니다.

어느 일간지에서 성인 남녀 삼천 명을 상대로 조사한 결과, 설이나 추석 같은 명절 때 친지들로부터 가장 듣기 싫은 말 세 가지는 결혼, 출산, 연봉에 관한 이야기라고 합니다. 부모의 경우 자녀를 위한 중보 기도 안에 이 세 가지가 모두 들어 있습니다. "하나님, 우리 아이가 기왕이면 연봉이 높은 기업에 취업되게 해 주시고, 너무 늦지 않은 나이에 결혼하게 해 주시며, 육아 기간이 너무 길어서 사회 활동을 지속하는 데 어려움이 없도록, 한 번에 남녀 쌍둥이 낳게 해 주십시오." 아주 훌륭한 각본과 같은 기도 아닙니까?

그러다 정작 하나님이 개입하실 여지를 전혀 남겨 두지 못합니다. 마치 환자가 의사를 찾아가 내가 어디가 어떻게 아프니까 이러저러한 수술을 하고 이러저러한 약을 처방해 달라고 지시하는 것과 흡사합니다. 그러나 인생은 우리의 예상과 계획을 벗어날 때가 많고, 하나님의 역사는 종종 사람이 예측할 수 없는 우연과 우발성으로 다가오곤 합니다.

그래서 우리는 기도할 때 "하나님, 이건 이렇게 되어야 하고 저건 저렇게 되어야 하겠습니다" 하고 각본을 짜고 승인받는 것처럼 기도하기보다는 "하나님, 지금 제가 처한 현재 상황이 이렇습니다" 하고 우리의 현실을 있는 그대로 말씀드리며 기도를 시작하는 것이 매우 바람직합니다. 그럴 때 비로소 문제를 해결하는 기도를 넘어 하나님의 계획에 동참하는 기도를 할 수 있기 때문입니다.

"그를 내게로 데려오라"

그러면 하나님께 우리의 상황을 있는 그대로 말씀드린 다음에는 어떻게 기도해야 할까요? 마가복음 9장 본문에 등장하는, 아이의 아버지와 예수님의 대화를 자세히 살펴보면 '데려오다'라는 단어가 반복됩니다.

아이의 아버지가 예수님께 "내 아들을 데려왔나이다"(17절)라고 말하고, 주께서 아이의 아버지에게 "그를 내게로 데려오라"(19절)고 말씀하신 후 "이에 데리고 오니"(20절)라는 묘사가 나옵니다.

흥미롭게도 오병이어의 이적이 일어나기 전 제자들이 "떡 다섯 개와 물고기 두 마리뿐이니이다"라고 하자 예수께서는 "그것을 내게 가져오라"고 하십니다(마 14:17-18). "그를 내게로 데려오라." "그것을 내게로 가져오라." 예수께서 왜 이렇게 말씀하셨을까요? 그 이유는 우리의 상황에 개입하기 원하시기 때문입니다.

지금도 홀로 고민하는 우리에게 주님은 이렇게 속삭이고 계신지도 모르겠습니다. "사랑하는 자여, 홀로 고심하고 힘들어하지 말고, 너의 근심 걱정을 내게로 가져오라." "네가 사랑하는 가족들을 내게로 데려오라."

사실 우리는 하나님 앞에 나아갈 때마다 중보가 필요한 사랑하는 가족들과 친구들을 마음에 품고 주님 앞에 나아가지 않습니까? 사랑하는 이들을 기도 가운데 하나님 앞에 데리고 나아가는 것이 바로 중보 기도입니다. 중보 기도가 중보의 대상을 주님 앞에 데려가는 것이라면, 개인 기도는 나 자신을 주님 앞에 데려가는 것입니다.

우리가 하나님 앞에 나아갈 때는 두 가지를 하게 되는데 하나는 '하나님을 보는 것'이고 또 다른 하나는 '하나님께 나를 보여 드리는 것'입니다. 즉, 기도는 내가 하나님을 보는 것인 동시에 하나님이 나를 살펴보시게 하는 것입니다. 나의 상처를 보여 드리고, 나의 눈물을 보여 드리고, 나의 아픈 부분을 보여 드리는 것이 바로 기도입니다.

우리는 다음과 같은 네 단계로 기도할 수 있습니다. 첫째, "하나님, 지금 제가 처한 상황이 이렇습니다." 우리의 상황을 있는 그대로 말씀드리며 기도를 시작하는 것입니다. 둘째, "하나님, 이와 같은 때에 함께해 주십시오." 하나님의 개입을 요청하는 것입니다. 셋째, "하나님, 이 아이를 고쳐 주십시오." 원하는 바를 간구하는 것입니다. 마지막으로 넷째, "하나님의 뜻대로 되기 원합니다." 하나님께 모든 상황을 맡기는 것입니다.

키리에 엘레이손

마가복음 9:22에 병든 아들을 둔 사람의 절실한 기도가 짧게 언급되어 있습니다. "우리를 불쌍히 여기사 도와주옵소서"(22절). 제 인생이 너무 힘들어 기도조차 할 수 없을 때, 이 한 문장으로만 겨우 기도하며 하루하루를 버틴 적이 있습니다. 아침에 일어나자마자 "저를 불쌍히 여기사 도와주옵소서", 길을 걸을 때나 전철 안에서도 "저를 불쌍히 여기사 도와주옵소서", 밤에 잠들 때도 "저를 불쌍히 여기사 도와주옵소서"라고 기도했습니다. 이 한 문장으로 얼마나 깊고 풍성한 기도를 드릴 수 있었는지 모릅니다.

이렇게 기도하면 단지 하나님이 나를 불쌍히 여기시는 것 이상으로, 나의 고통과 슬픔이 하나님의 것이 되고, 하나님의 고통과 슬픔이 나의 것이 되어 하나님과 깊은 일체감을 갖는 신비를 경험할 수 있습니다. 도무지 어떻게 기도해야 할지 모를 때 이렇게 한번 기도해 보지 않겠습니까? "저를 불쌍히 여기사 도와주옵소서."

그런데 이 기도가 낯설지 않은 이유가 무엇일까요? 바로 누가복음 18장의 '바리새인과 세리의 비유'에 등장하는 세리가 이와 같이 기도했기 때문입니다. 바리새인이 "하나님이여, 나는 다른 사람들 곧 토색, 불의, 간음을 하는 자들과 같지 아니하고 이 세리와도 같지 아니함을 감사하나이다. 나는 이레에 두 번씩 금식하고 또 소득의 십일조를 드리나이다"(눅 18:11-12)라고 기도했을 때, 세리는 그 옆에서 가슴을 치면서 이렇게 기도했습니다. "하나님이여, 불쌍히 여기소서, 나는 죄인이로소이다"(눅 18:13).

세리의 기도는 동방정교회의 '키리에 엘레이손'이라고 하는 예수 기도의 기원이 되었습니다. 동방정교회는 예나 지금이나 영성에 대한 지혜와 지식이 가장 풍부한 교회 전통입니다. 동방정교회 성도들은 "하나님이여, 불쌍히 여기소서. 저는 죄인입니다" 이 한 마디 기도를 반복하면서 주님과의 깊은 교제에 들어간다고 합니다.[20]

교계에 잘 알려진 유명한 목사님이 지병을 앓고 있었습니다. 어느 지방에 있는 교회에 부흥회 강사로 초청받아 가게 되었는데, 하필 병세가 악화되고 말았습니다. 다음 날 아침부터 집회를 인도해야 하는데, 낯선 도시에서 병원을 찾기가 어려워 무척 당황했습니다. 그래서 목사님은 밤새도록 기도했습니다. 기도의 내용은 "고쳐 주소서"라는 단 한 마디였습니다. "고쳐 주소서." "고쳐 주소서." "고쳐 주소서." 이 한 마디 기도를 반복하며 그 안에 자신의 간구와 회개와 감사와 찬양을 모두 담아 깊이 기도했고 감사하게도 몸이 회복되어 집회를 인도할 수 있었다고 합니다.

우리가 사노라면 너무나 기가 막힌 상황 가운데 어떻게 기도할지 모를 때가 있습니다. 그럴 때 마침 성경에서 꼭 내 마음을 대변하는 것 같은 기도문을 발견한다면 그 기도를 나의 기도로 삼아 계속 반복하며 깊이 기도해 보기를 바랍니다. 반드시 많은 말을 해야 하나님과 깊은 교제를 할 수 있는 것은 아닙니다. 오히려 말이 많을수록 정작 해야 할 말을 못하는 경우도 있습니다. 때로는 단순하고 짧은 기도문에 우리의 간구와 회개와 감사와 찬양을 모두 담아 깊이깊이 기도할 수 있습니다.

마가복음 9장 본문에 짧은 기도문이 또 하나 나옵니다. 병든 아들을 둔 사람이 "무엇을 하실 수 있거든 우리를 불쌍히 여기사 도와주옵소서"(22절)라고 간구했을 때, 예수님은 "할 수 있거든이 무슨 말이냐? 믿는 자에게는 능히 하지 못할 일이 없느니라"(23절)고 책망하듯 말씀하셨습니다. 그러자 이 아버지는 다시 한 번 절규하듯 기도합니다. "나의 믿음 없는 것을 도와주소서!"(24절)

얼마나 솔직하고 아름다운 기도입니까? 우리는 때때로 내가 잘 믿고 있다고 착각하거나 믿음이 좋은 척합니다. 그러나 사실 이렇게 기도해야 하지 않을까요? "주님, 맞습니다. 저는 믿음이 없습니다. 그러니 저의 믿음 없는 것을 도와주소서!" 예수님은 우리의 믿음 없는 것을 책망하시지 않습니다. 오히려 도와주십니다. 때로 하나님께 대한 믿음이 약해질 때, 이렇게 기도하면 어떨까요? "나의 믿음 없는 것을 도와주소서!"

능력은 관계성에서 나온다

마가복음 9장의 중심 사상은 믿음입니다. 예수님은 제자들, 병든 아들의 아버지, 그리고 이 본문을 읽는 모든 독자에 대해 탄식하십니다. "믿음이 없는 세대여!"(막 9:19)

그러면 믿음이 무엇일까요? 예수님이 병든 아들을 고쳐 주시는 데 있어 유일한 조건은 "믿는 자에게는 능히 하지 못할 일이 없느니라"(막 9:23)였습니다. 즉, 아들이 낫는 기적이 일어나기 위한 유일한 조건이 예수님을 믿는 믿음이며, 이 믿음이란 주님과의 신뢰 관계를 의미한다는 말씀입니다.

사실 본문의 사건은 상당히 심각한 상황입니다. 제자들이 귀신을 쫓는 데 실패했기 때문입니다. 이런 배경 속에서 예수님은 우리에게 중요한 진리를 가르치십니다. 기적은 그 어떤 주술이 아닌 관계에서 비롯된다는 것입니다. 예수님은 만난 지 얼마 안 된 사람에게도 예수님과의 관계 안에서 아들을 고치는 일이 가능하다는 점을 분명히 하고 계십니다.

아버지의 질문	"[선생님의 제자들이] 능히 내쫓지 못하더이다."	18절	=28절
예수님의 답변	"믿음이 없는 세대여, 내가 얼마나 너희와 함께 있으며 얼마나 너희에게 참으리요?"	19절	=29절
제자들의 질문	"우리는 어찌하여 능히 그 귀신을 쫓아내지 못하였나이까?"	28절	=19절
예수님의 답변	"기도 외에 다른 것으로는 이런 종류가 나갈 수 없느니라."	29절	=19절

18절과 28절은 동일한 질문이고 19절과 29절 또한 같은 뜻입니다. 제자들이 귀신을 쫓기 위해 기도하지 않았을까요? 분명히 기도하고 귀신을 쫓았을 겁니다. 그러나 여느 때와 달리 귀신이 나가지 않았습니다. 그 이유에 대해 예수님은 믿음이 없는 세대인 너희가 기도하지 않았기 때문이라고 말씀하십니다. 믿음은 하나님과의 관계성입니다. 하나님과의 관계성은 어떻게 형성됩니까? 기도함으로 형성됩니다.

능력은 관계에서 나옵니다. 부모가 자식을 사랑하기 때문에 자식을 위해 고생을 감당할 능력이 그들에게서 나옵니다. 자식이 부모를 사랑할 때 부모에게 효도할 능력이 나옵니다. 부부가 서로를 사랑할 때, 서로를 섬길 능력이 그들 안에서 나옵니다. 부모는 자녀를 사랑하기에 부모가 아닐 때 가질 수 없었던 능력을 발휘합니다.

언젠가 목욕탕에서 한 노인이 자신보다 더 연로한 아버지를 모시고 목욕하는 광경을 목격한 적이 있습니다. 자신도 노인이면서도 아들은 스스로 몸을 가누지 못하는 아버지를 목욕탕에 넣어 드리고 씻겨 드렸습니다. 그에겐 늙은 아버지를 창피해하지 않는 능력이 있었습니다. 자신을 키워 준 아버지의 사랑을 기억하는 능력이 있었습니다.

본문에서 제자들은 관계성보다 능력에 초점을 맞추고 있습니다. 벙어리 귀신을 쫓아냈는지 못 쫓아냈는지를 더 중요하게 여기고, 서로 누가 큰지를 따집니다(막 9:34). 그러나 예수님은 능력보다 관계성에 대해 말씀하십니다. 믿음이 없는 세대여! 즉, 하나님과의 관계성이 약한 세대여!

제가 교육전도사 시절 개척 교회에서 유치부부터 청년부까지 전체 부서를 담당할 때였습니다. 언제나 능력이 부족한 스스로를 자책하며 사역자로서의 한계를 느끼던 어느 날 기도원으로 들어가 2박 3일간 "하나님, 부족한 제게 능력을 주십시오" 하고 기도했을 때, 하나님은 다음과 같은 응답을 주셨습니다. "능력은 본래 너에게 있는 것이 아니라, 내게 속한 것이란다. 너는 능력을 구했지만 믿음과 겸손을 응답해 주마. 네가 겸손히 나와 관계를 맺고 그 관계 위에서 능력을 구하면 주겠노라."

| 핵심 내용 |

- 기도는 하나님께 각본을 짜 올리는 것이 아니라 하나님의 개입을 요청하는 것이다.
- 하나님의 개입을 요청할 때 비로소 하나님의 계획에 동참하는 기도를 할 수 있다.
- 믿음이란 예수님과의 관계성이며, 능력은 관계성에서 나온다.
- 기도의 네 단계
  1) 자신의 상태와 상황을 있는 그대로 말씀드린다.
  2) 하나님의 개입을 요청한다.
  3) 원하는 바를 하나님께 말씀드린다.
  4) 하나님의 뜻에 맡기고, 하나님의 응답을 받아들인다.

때때로 도무지 어떻게 기도해야 할지 모를 때, 병든 아들을 둔 아버지처럼 다만 "저를 불쌍히 여기사 도와주옵소서!" "나의 믿음 없는 것을 도와주소서!" 하고 단순하고도 진실하게, 믿음과 겸손으로 기도한다면, 하나님과의 관계성인 믿음이 자라나는 것을 경험하게 될 것입니다.

기도 살아가기 ⑨

기도 돌아보기
- 하나님께 간구할 때 내가 포기하지 못하는 각본은 무엇인가?

- 하나님께 나의 상황을 있는 그대로 말씀드리는 것은 어떤 의미가 있는가?

영적 지도
- 어떻게 기도해야 할지 모를 때, 다음 구절로 단문 기도를 해 보라.
  "우리(저)를 불쌍히 여기사 도와주옵소서"(막 9:22).
  "나의 믿음 없는 것을 도와주소서"(막 9:24).

- 성경에서 나의 상태와 상황을 반영하는 구절을 찾아 단문 기도로 깊이 기도해 보라.

더 읽어 볼 책
- 작자 미상, 『이름 없는 순례자』(가톨릭출판사).

10. 사는 것이 힘들 때

히스기야의 기도(2)

> "여호와여, 구하오니
> 내가 진실과 전심으로 주 앞에 행하며
> 주께서 보시기에 선하게 행한 것을 기억하옵소서"
> 하고 히스기야가 심히 통곡하더라.
> 열왕기하 20:3

힘든 인생을 사랑하는 방법

우리 인생에서 즐거울 때가 더 많을까요? 아니면, 어렵고 힘들 때가 더 많을까요? 사람은 연약하기에 삶이 힘겹게 여겨질 때가 더 많은 것 같습니다. 그 힘겨운 시간들을 내가 사랑하지 않는다면, 자기 인생의 대부분을 사랑하지 않은 셈이 되는 것 아닐까요? 그러면 우리의 인생 중에 힘든 시간을 사랑하는 방법은 무엇일까요? 그것은 다름 아니라 기도하는 것입니다.

우리는 인생의 힘든 순간에 하나님께 기도하고 응답받음을 통해 비로소 어려운 시간들도 내 인생으로 받아들일 수 있습니다. 사실 아무 일도 없거나 형통하기만 한 시간보다 어려움 가운데 기도하고 응답받으며 하나님을 만났던 바로 그 순간에 우리의 믿음은 쑥쑥 자라납니다. 그러면 열왕기하 20장에 등장하는 히스기야 왕은 그의 인생의 힘든 순간에 어떻게 하고 있습니까?

낮은 뜻에서 높은 뜻으로

성경은 히스기야 왕을 다윗과 솔로몬 다음으로 중요한 왕으로 꼽습니다. 심지어 히스기야 왕을 제2의 다윗으로 일컫기도 합니다. 그 이유는 첫째, 그가 이스라엘 백성으로 하여금 하나님께 예배를 잘 드리게 했기 때문입니다. 둘째, 그가 어렵고 힘든 순간마다 기도했기 때문입니다. 열왕기서에는 히스기야 왕의 기도가 두 번 등장하는데, 한 번은 앗수르의 산헤립이 쳐들어왔을 때이고, 또 다른 한 번은 히스기야 왕이 중병에 걸렸을 때입니다.

> 그 때에 히스기야가 병들어 죽게 되매 아모스의 아들 선지자 이사야가 그에게 나아와서 그에게 이르되 "여호와의 말씀이 너는 집을 정리하라. 네가 죽고 살지 못하리라 하셨나이다." (왕하 20:1)

만일 하나님이 "너는 이제 죽게 되었으니 너의 집안일을 모두 정리하거라"고 말씀하신다면 여러분은 어떻게 하겠습니까? 하나님이 죽을 거라고 말씀하셨다면 끝 아닙니까? 그런데 히스기야 왕이 어떻게 했습니까? "네, 알겠습니다. 하나님, 집안일을 모두 정리하고 잘 죽겠습니다"라고 했나요? 히스기야는 순순히 죽겠다고 하지 않고 살려 달라고 기도합니다. 왜 그랬을까요? 그것이 하나님의 '낮은 뜻'이었기 때문입니다.

역대상에 등장하는 야베스는 '고통'이라는 이름을 가지고 고생스러운 인생을 살다가 자신의 운명에 갇혀 체념하며 무기력하게 살지 않고 하나님께 분연히 일어나 기도했습니다. "주께서 내게 복을 주시려거든 나의 지역을 넓히시고 주의 손으로 나를 도우사 나로 환난을 벗어나 내게 근심이 없게 하옵소서"(대상 4:10). 그러자 하나님이 그가 간구한 것을 주셨습니다. 야베스가 고통이라는 이름으로 살게 된 것은 그의 숙명이자 하나님의 '낮은 뜻'입니다. 그러나 그가 자신이 처한 상황에 체념하지 않고 저항하며 하나님께 기도해 축복과 번영과 보호와 안전을 기도하고 응답받은 것은 하나님의 '높은 뜻'입니다.[21] 그러나 이것은 기도하면 무조건 잘되고 형통한다는 번영 신학을 이야기하는 것이 아닙니다.

요나는 하나님께 반항하며 기도했고, 사도 바울도 자신의 병이 낫게 해 달라고 세 번 기도했으며, 예수님도 겟세마네 동산에서 이 잔이 지나가게 해 달라고 세 번 기도하셨습니다. 성경 인물들은 체념이 아닌 저항하는 기도로, 나약한 묵종이 아닌 참된 순종에 다다를 수 있었던 것입니다. 하나님은 그렇게 우리가 낮은 뜻에서 높은 뜻으로 올라오기를 원하십니다. 그래서 오늘 본문의 히스기야도 죽을 수밖에 없는 숙명 앞에 체념하지 않고 하나님께 기도합니다.

열린 미래와 닫힌 미래

우리는 자주 눈앞에 벌어진 상황에 순응하면서 그저 하나님의 뜻이 있겠지 하고 체념부터 합니다. 기도해도 아무런 변화가 일어나지 않을 것이라 생각하면서 기도할 때도 있습니다. 그러나 기도는 이와 정반대로 하는 것이 바람직합니다. 먼저, 기도하면 마치 모든 상황이 바뀔 것처럼 기도해 보세요. 그리고 기도한 다음에 일어난 모든 결과는 하나님의 뜻대로 된 것이라 믿고 받아들여 보십시오.

지금은 소천하셨습니다만 미국에서 치유 집회로 명성이 높은 사역자가 있었습니다. 그는 치유의 은사가 있어서 많은 병자를 기도로 고쳤습니다. 그런데 치유를 위한 그의 기도는 단순했습니다. 한 사람 한 사람을 위해 "하나님, 병이 낫게 해 주십시오"라고 기도한 후, 병이 나으면 "하나님이 고쳐 주셨네요. 하나님께 감사 찬송을 드리십시오" 하고 돌려보냈고, 기도를 했음에도 불구하고 병이 낫지 않으면 "하나님의 뜻이 있나 봅니다. 그냥 돌아가세요"라고 했습니다. 그게 전부였습니다. 그야말로 하나님께 간절히 기도한 다음 결과는 하나님께 맡긴 것입니다.

사무엘하 12장에는 다윗이 밧세바와 간음해서 낳은 아들을 하나님이 치셔서 아프게 하시는 장면이 등장합니다. 그때 다윗이 어떻게 기도했습니까? 그는 먼저 아들이 낫게 해 달라고 금식하며 간절히 기도했습니다. 언제까지 기도했습니까? 아들이 죽는 순간까지 기도했습니다. 다윗은 하나님이 아이를 고쳐 주실 수 있다는 가능성에 마음을 활짝 열고 '열린 미래'를 향해 기도했습니다. 그러나 하나님이 그 아이의 생명을 거두어 가시자 그는 더 이상 열린 미래를 향해 기도하지 않았습니다. 아들이 죽자 다윗은 일어나 씻고, 옷을 갈아입고, 하나님께 경배하고, 음식을 먹었습니다. 즉, 그는 그제서야 닫힌 미래를 받아들인 것입니다.

수년 전에 어느 성도님의 어머님이 오랜 기간 투병하다가 천국으로 가신 일이 있었습니다. 자녀들은 어머님의 건강 회복을 위해 하나님께 간절히 기도했지만 어머님은 끝내 회복하지 못하고 돌아가시고 말았습니다. 유가족들은 '우리가 기도를 잘못한 것일까?' '하나님이 우리의 기도를 듣지 않으신 걸까?' 라고 생각하며 혼란스러워했습니다. 그래서 저는 다음과 같이 말씀드렸습니다. "처음에 여러분은 '열린 미래'를 향해 어머니의 회복을 위해 기도하셨습니다. 아주 잘하셨습니다. 그럼에도 불구하고 어머님이 돌아가셨다면 이제 '닫힌 미래'를 받아들일 차례가 된 것입니다." 그러자 비로소 안도하며 마음의 평안을 얻었습니다.

우리는 반대로 기도할 때가 많습니다. 먼저 열린 미래를 향해 하나님께 은혜를 간구하지 않고, 곧장 닫힌 미래로 가서 어차피 안 될 거라며 기도 자체를 포기합니다. 그 결과 다음에 전개되는 일들도 하나님의 뜻으로 받아들이지 못합니다.

> **책갈피**
>
> - 11장. 가나안 여인의 기도 "체념이 아닌 저항으로서의 기도"를 보라(146쪽).
> - 14장. 다윗의 기도에서 "열린 미래와 닫힌 미래"에 대한 내용을 보라(176쪽).

사노라면 어딘가 아프고 병들 때도 있을 겁니다. 그러나 아무리 중한 병에 걸리고, 심지어 회복 가능성이 높아 보이지 않는다고 해도 우리는 먼저 열린 미래를 향해 기도할 수 있어야 합니다. "하나님, 고쳐 주십시오." 그러나 만일 하나님이 깊으신 뜻 가운데 다른 길로 인도하신다면 그때 가서 닫힌 미래를 받아들이면 됩니다. 지레 처음부터 닫힌 미래로 달려가지는 마십시오. 부정적인 결과가 예상된다 할지라도 먼저 열린 미래를 향해 기도하며 하나님께 은혜를 구하는 것이 바른 믿음입니다.

히스기야는 하나님께로부터 죽음의 선고를 들었음에도 불구하고 닫힌 미래로 가지 않고 열린 미래를 향해 기도했습니다.

> 히스기야가 낯을 벽으로 향하고 여호와께 기도하여 이르되. (왕하 20:2)

히스기야가 그의 얼굴을 벽으로 향하고 하나님께 기도했다는 것은 무엇을 의미합니까? 그것은 기도에 방해되는 모든 것을 제쳐 놓고, 하나님께만 마음을 기울였다는 것을 의미합니다. 우리는 인생의 어려움과 맞닥뜨릴 때, 하나님께 기도하기보다는 사람들과 상의하곤 합니다. 물론 인생의 문제가 상담실에서 해결될 때도 있습니다. 그러나 기도실에서만 해결되는 문제도 있습니다. 왜냐하면 하나님께 기도한다는 것은, 사람을 의지하는 것이 아니라 하나님을 의지하는 것이기 때문입니다.

히스기야는 무슨 문제가 생기든지 먼저 하나님께 기도했습니다. 적군에게 협박 편지를 받고 나서 하나님 앞에 편지를 펴 놓고 기도하는가 하면, 죽음의 선고를 듣고 나서도 벽을 향해 기도했습니다. 즉, 그의 삶과 기도가 분리되지 않고, 그의 기도가 곧 그의 삶 자체였다는 뜻입니다. 여기까지가 히스기야의 기도 자세이자 태도였다면 그다음 3절은 히스기야의 기도 내용입니다.

> "여호와여 구하오니 내가 진실과 전심으로 주 앞에 행하며 주께서 보시기에 선하게 행한 것을 기억하옵소서" 하고 히스기야가 심히 통곡하더라. (왕하 20:3)

우리는 여기서 열왕기서가 신명기계 역사서라는 사실을 기억해야 합니다. 솔로몬의 기도는 열왕기상에 등장하고, 야베스의 기도는 역대상에 등장합니다. 역대기는 바벨론 포로 생활에서 돌아와 이스라엘을 재건해야 하는 백성을 대상으로 기록된 책으로, 무조건적인 은혜로 위로를 주시는 사랑의 하나님을 보여 줍니다. 그러한 상황에서 나온 기도가 야베스의 기도입니다.

반면, 열왕기 같은 신명기계 역사서는 이와 다른 신학을 갖고 있습니다. 하나님의 율법에 순종하지 않아 바벨론에 포로로 끌려간 백성에게, 공의의 하나님은 조건적인 은혜로 도전하시면서 회복을 위한 순종을 요구하십니다. 그래서 히스기야는 자신이 신명기 신학에 입각해 하나님의 말씀에 순종하며 살았으니 약속대로 복을 달라고, 질병에서 고침을 받게 해 달라고 기도하고 있는 것입니다. "내가 진실과 전심으로 주 앞에 행하며 주께서 보시기에 선하게 행한 것을 기억하옵소서"(왕하 20:3).

하나님이 어떻게 응답하십니까? 히스기야의 생명을 15년 연장해 주겠다고 하십니다. 히스기야가 자신의 병이 낫는 데 대한 징표를 구하자, 하나님은 해시계에 표시된 해 그림자가 십 도 물러가게 하십니다. 그러면 하나님이 이러한 징표를 주신 이유가 무엇일까요?

수년 전에 치악산에 올라갔을 때였습니다. 대개 설악산이나 치악산같이 '악' 자가 들어간 산들은 산세가 험합니다. 산을 오르는 동안 몇 번이나 산행을 포기하려 했는데, 그럴 때마다 정상에서 내려오는 등반객들이 "이제 조금만 더 가면 정상입니다"라고 한 마디 툭 던지고 지나갔습니다. 그 말에 소망을 갖게 되었고, 곧 정상에 도착할 것이라는 믿음이 생겼습니다. 저는 그때 알았습니다. 소망이 믿음을 돕는다는 것을!

하나님이 히스기야에게 징표를 주심으로 그에게 소망이 생겼으며, 더 나아가 자신이 나을 것이라는 믿음이 생겼습니다. 우리 인생에서 현재는 과거의 결과이며, 미래는 현재의 결과입니다. 해시계의 그림자가 십 도 뒤로 물러난다는 것은 시간이 거꾸로 흘러 미래가 현재를 바꾼다는 뜻입니다. 즉, 하나님이 역사하실 것임을 보이신 것입니다. 독일의 신학자 판넨베르크는 "하나님은 미래로부터 다가오셔서 현재를 재창조하시는 분"이라고 했습니다.[22] 하나님이 미래로부터 다가오셔서 현재를 재창조하시자 히스기야는 낫게 됩니다.

그런데 하나님은 히스기야 왕을 치유하심으로 개인의 죽음을 면하게 하실 뿐만 아니라 예루살렘을 멸망으로부터 구원해 주셨습니다. 히스기야 왕도 예루살렘도 모두 연장된 생명을 얻었습니다. 그 사이에 히스기야의 대를 이을 므낫세도 태어납니다.[23]

기도 응답 이후

우리 인생에서는 언제나 그다음이 더 중요합니다. 기도 응답을 받는 것도 중요하지만 더 중요한 것은 기도 응답을 받은 이후의 삶입니다. 생명이 연장된 이후 히스기야는 어떤 삶을 살았을까요?

아쉽게도 하나님이 질병을 고쳐 주신 후에 히스기야는 하나님을 의지하는 믿음이 약해지고 맙니다. 바벨론에서 사신을 보내 히스기야의 치유를 축하하면서 동맹을 맺어 앗수르와 싸우자고 제안하자 히스기야는 바벨론에게 좋은 인상을 주기 위해 군사력과 경제력을 상징하는 무기고와 국고를 보여 줍니다. 이 같은 히스기야의 행동은 하나님이 아닌 바벨론을 의지하고 있음을 드러냈습니다. 결국 이스라엘은 하나님께 다시 징계를 받아 바벨론에게 멸망당하게 됩니다. 그렇다면 왜 성경은 히스기야 이야기를 해피엔딩이 아닌 새드엔딩으로 마무리한 걸까요?

첫째, 희극보다 비극이 더 강렬한 메시지를 주기 때문입니다. 열왕기서 저자가 히스기야 이야기를 비극으로 마무리한 것은, 독자들에게 잠시 믿음이 좋아졌다고 방심해서는 안 된다는 경고의 메시지를 전하려는 수사적 의도로 보입니다. 쉽게 말해 "하나님께 기도해서 응답받고 믿음이 좋아졌다고 절대 방심하지 말고 끝까지 믿음 잘 지켜야 해!"라는 것입니다.

둘째, 히스기야의 기도가 기록된 열왕기서의 목적이 남유다가 바벨론에게 멸망당한 이유를 알리는 데 있기 때문입니다. 히스기야가 기도하고 응답받고 믿음이 좋아졌다가 약해진 데서 교훈을 얻되, 우리의 믿음을 온전케 하시는 하나님의 구원을 더욱 바라게 하려는 것입니다.

하나님이 옳으십니다
히스기야 이야기 마지막 단락에 나오는 하나님의 심판 선언에 대해 히스기야는 다음과 같이 말합니다.

> 히스기야가 이사야에게 이르되 "당신이 전한 바 여호와의 말씀이 선하니이다" 하고 또 이르되 "만일 내가 사는 날에 태평과 진실이 있을진대 어찌 선하지 아니하리요." (왕하 20:19)

겉으로는 히스기야가 자신의 당대에는 재앙이 없을 것에 만족하며 안일해 보이지만, 그의 말은 곧 "하나님이 옳으십니다"라는 고백이었습니다.[24] 이 또한 히스기야의 믿음이었습니다. 히스기야는 믿음으로 기도했습니다. 그리고 응답받았습니다. 그런데 그가 받은 가장 큰 응답은 무엇이었을까요? 병이 나은 것이었을까요? 그가 받은 가장 큰 응답은 '하나님을 믿는 믿음'이었습니다. 비록 말년에 실책을 범해 하나님의 징계를 받았지만 그는 믿음으로 이렇게 고백합니다. "하나님이 옳으십니다. 하나님이 정답이십니다. 하나님이 신실하십니다."

빌립보서 1:20-24에는 바울의 생사관이 담겨 있습니다. 그 본문을 요약하자면 다음과 같습니다.

> 내가 살면 다른 사람들에게 유익이 될 삶을 살게 되어 좋은 것이고,
> 내가 죽으면 주님과 함께 있게 되어 좋은 것이니
> 사는 것이나 죽는 것이나 내겐 매한가지로 좋은 것입니다.

인간의 죽음과 생명은 하나님 보시기엔 매한가지일 뿐이며, 하나님께 중요한 것은 사나 죽으나 믿음을 얻는 것입니다. 우리의 인생은 쉽지 않습니다. 그 가운데 우리는 기도하고 응답받는 과정을 반복하며 믿음을 얻어, 힘든 순간도 하나님이 주신 내 삶으로 받아들이게 됩니다.

핵심 내용

- 기도는 하나님을 의지하는 것이다. 따라서 사람을 의지하는 것으로 기도를 대신할 수 없다.
- 하나님은 기도를 통해 힘든 인생을 살아 낼 힘을 공급하신다.
- 기도가 삶이 되고 삶이 기도가 될 때, 우리는 아무리 힘들어도 살 수 있다.
- 바람직한 기도의 순서는 다음과 같다.
  1) 기도하면 마치 모든 상황이 바뀔 것처럼 간절히 기도하라.
  2) 기도한 다음에 일어난 모든 결과는 하나님의 뜻에 맡기라.

기도 살아가기 ⑩

기도 돌아보기

- 신명기계 역사서의 기도 신학(솔로몬의 기도, 히스기야의 기도)과 역대기의 기도 신학(야베스의 기도)을 비교하고 정리해 보라.

- 히스기야의 기도를 비극적 결말로 끝낸 성경의 의도가 무엇이겠는가?

영적 지도

- 지금껏 기도하고 응답받은 경험을 돌아보며, 응답 이후 하나님을 더욱 의지하게 되었는지 점검해 보라.

더 읽어 볼 책

- 도널드 블러쉬, 『기도의 신학』(한국장로교출판사)

11 하나님이 거절하실 때

가나안 여인의 기도

> 여자가 이르되
> "주여 옳소이다마는
> 개들도 제 주인의 상에서 떨어지는
> 부스러기를 먹나이다."
> 마태복음 15:27

하나님과의 친밀함이란?

평소 잘 알고 지내던 집사님께 물었습니다. "요즘 하나님과 관계가 어떠세요?" 그분은 하나님과 친밀한 관계를 누리고 있는 것 같다고 했습니다. 그런데 좀 더 깊이 대화해 보니, 최근 들어 집사님이 하나님께 기도한 일이 거의 없었다는 것을 알게 되었습니다. 구하지 않았으니 응답받을 일도 없었고, 한걸음 더 나아가 거절당할 일은 더더욱 없었습니다. 그러니까 집사님은 하나님께 거절당한 일이 없었기 때문에 자신이 하나님과 친밀하다고 착각한 것이었습니다.

부부가 각방을 쓰면서 대화도 하지 않고 싸움도 하지 않는다고 해서 부부 관계가 좋다고 할 수 있을까요? 비록 다투더라도 같은 방에서 한 침대를 사용하며 생활하는 관계를 친밀한 관계라고 할 수 있을 겁니다. 마찬가지로 하나님이 내가 원하는 대로 응답하시지 않았다 하더라도 계속 기도하는 사람이 하나님과 진정 친밀한 관계를 누리고 있는 것입니다.

그러면 하나님은 왜 때때로 우리의 기도에 거절이라는 응답을 주실까요? 우리는 그 이유를 가나안 여인의 기도와 예수님의 응답 안에서 발견할 수 있습니다.

하나님이 거절하시는 이유

가나안 여인에게는 귀신 들린 딸이 하나 있었습니다. 그래서 그녀는 예수님께 간구했습니다. "주 다윗의 자손이여, 나를 불쌍히 여기소서! 내 딸이 흉악하게 귀신 들렸나이다." 그런데 가나안 여인이 이렇게 간구하는 것은 결코 쉬운 일이 아니었습니다. 왜냐하면 두 가지 거대한 장벽을 뛰어넘어야 했기 때문입니다.

첫째, 고대 근동 지역에서는 여성이 낯선 남성과 대화할 수 없었습니다. 그런데 이 여인은 그러한 상식을 깨고 낯선 남자에게 말을 건 것입니다. 둘째, 당시 이방인으로서 유대인에게 도움을 청하는 것은 있을 수 없는 일이었습니다. 유대인들이 이방인들을 짐승같이 취급했기 때문입니다. 그럼에도 불구하고 여인은 이방인으로서 유대인인 예수님께 도움을 청하고 있습니다. 이 두 가지 사실만 보아도 지금 가나안 여인이 예수님께 얼마나 절실하게 도움을 청하고 있는지 잘 알 수 있습니다. 그런데 예수님이 가나안 여인에게 어떻게 응답하셨습니까?

> 예수는 한 말씀도 대답하지 아니하시니. (23절)

예수님은 침묵의 거절을 하셨습니다. 일반적으로 여성들에게 말을 걸지 않은 그 시대 랍비들처럼 행동하긴 하셨지만. 사실 예수님은 여인에게 관심 없는 척하신 것이었습니다. 주께서 나의 기도에 침묵하실 때 여러분은 어떻게 하십니까? 마태복음 15장을 자세히 읽어 보면 가나안 여인은 가만히 있지 않고 예수님에게 계속 소리쳐 간구했습니다. 그러자 제자들은 저 여인이 계속 소리를 지르니 보내자고 예수님께 졸랐습니다. 이에 예수님은 여인에게 두 번째 거절의 말씀을 하셨습니다.

> 나는 이스라엘 집의 잃어버린 양 외에는 다른 데로 보내심을 받지 아니하였노라. (24절)

이 말씀을 들은 여인은 얼마나 상처를 받았을까요? 그럼에도 불구하고 여인은 무릎을 꿇고 절하며 다시 한 번 간청합니다. "주여, 저를 도우소서." 그러나 예수님의 거절은 절정에 달합니다.

자녀의 떡을 취하여 개들에게 던짐이 마땅하지 아니하니라. (26절)

자. 이쯤 되면 여인이 예수님께 침을 뱉고 모욕을 돌려 주며 돌아가야 하지 않을까요? 그러나 여인은 포기하지 않고 간구합니다. 이 여인의 말을 바꿔 말하면 다음과 같습니다. "네! 저도 우리가 당신들 눈에 하찮고 보잘것없는 존재일 수 있다는 걸 잘 압니다. 그러나 작은 개들도 식사를 마친 주인들이 던져 주는 빵 부스러기를 먹습니다. 당신은 여전히 제 주님이시고 주인이십니다. 그러니 제 딸에게도 빵 부스러기를 주실 수 있지 않나요?"(참조. 마 15:27)

그러자 예수님은 지금까지 꾹 참고 계셨던 응답을 봇물 터뜨리듯 부어 주셨습니다.

여자여, 네 믿음이 크도다! 네 소원대로 되리라. (마 15:28)

사실 예수님은 처음부터 여인에게 응답해 주고 싶어 하셨습니다. 그러면 예수님이 침묵으로 거절하시고, 나는 이방인들에게 보냄을 받지 않았다고 거절하시며, 자녀의 떡을 개들에게 던져 줄 수 없다고 거절하신 것은 과연 무엇을 의미할까요?

우선 예수님은 여인과 대화하고 있으신 듯했지만, 동시에 제자들을 교훈하신 것이었습니다. 즉, 여인에게 "나는 이방인에게 보내심을 받지 않았다"고 거절하시면서 제자들에게 다음과 같이 문제 제기를 하신 것입니다. "너희의 민족적인 편견이 과연 옳은 것이냐?" "내가 성의 장벽과 민족의 장벽을 넘어 구원을 베푸는 것이 합당하지 아니하냐?"[25]

그러면 예수님의 세 번의 거절이 여인에게는 어떤 의미가 있었을까요? 이 본문은 기도를 끈질기게 하면 응답받을 수 있다는 이야기일까요? 그렇지 않습니다. 예수님이 여인의 믿음이 크다고 칭찬하신 것으로 보아 예수님은 단지 거절하기 위해서가 아니라 예수님에 대한 여인의 믿음을 북돋아 주기 위해 세 번 거절하신 것입니다.

만일 이 여인이 처음 간구했을 때 예수님이 냉큼 응답해 주셨다면 어떻게 되었을까요? 개들이 주인의 상에서 떨어지는 부스러기를 먹는다는 여인의 아름다운 믿음의 고백은 들을 수 없었을 겁니다. 예수님이 "여자여, 네 믿음이 크도다" 하신 것은 다음과 같은 의미로 읽을 수 있습니다. "옳지! 너의 믿음이 더욱 발돋움하는구나! 단순히 네 딸의 질병이 낫는 것을 넘어 네 믿음이 자라는 것, 그게 내가 바라는 바다." 이처럼 하나님의 거절은 단순한 거절이 아닙니다. 그 뒤에는 더 놀라운 응답이 숨어 있을 수 있습니다.

그러면 하나님이 때로 우리의 기도를 거절하시는 이유가 무엇일까요?

첫째, 하나님은 아직 때가 되지 않았을 때 거절하십니다. 어린 딸아이가 칼을 가지고 놀려고 할 때는 아이가 다칠까 봐 칼을 빼앗지만, 그 딸아이가 장성해 시집을 갈 때가 되면 칼 세트를 선물하지 않습니까? 우리에게 큰 은혜를 주실 때 하나님은 먼저 그 은혜를 감당할 그릇을 만드신 후에 주십니다. 그럴 때 하나님의 거절은 단순한 거절이 아니라 기다리라는 응답입니다.

둘째, 하나님은 우리에게 더 귀한 것을 주려 하실 때 거절하십니다. 전승에 의하면 사도 바울은 몸에 간질이 있었다고 합니다. 바울은 하나님께 병을 고쳐 달라고 세 번 간구했습니다(고후 12:8). 그러나 하나님은 거절의 응답을 주셨습니다. 대신 의사인 누가를 붙여 주셔서 전도 여행 내내 사도 바울을 돌보게 했습니다. 사도 바울의 기도는 '병이 낫는 것'이었습니다. 그러나 하나님의 응답은 질병으로 인해 겸손해지는 것이었습니다. 이처럼 하나님의 거절은 단순한 거절이 아니라 더 좋은 것을 주시는 응답입니다.

우리가 자동차 운전을 할 때, 속도를 높이는 엑셀을 밟으며 운전할 때가 더 많을까요? 아니면 속도를 낮추는 브레이크를 밟으며 운전할 때가 더 많을까요? 의외로 브레이크를 밟으며 속도를 조절하면서 운전할 때가 더 많습니다. 마찬가지로 하나님은 'YES'로 우리 기도에 응답하시며 우리를 인도하실 수도 있지만, 'NO'로 우리 삶의 속도를 늦추며 인도하실 수도 있습니다. 우리는 하나님께 원하는 응답을 받으며 하나님의 인도하심을 받을 수도 있지만, 원치 않는 응답을 받으며 하나님의 인도하심을 받을 수도 있습니다.

시편 139:12은 "주에게는 흑암과 빛이 같음이니이다"라고 말씀합니다. 우리는 흑암보다는 빛을 좋아하고, '안 된다'는 응답보다는 '그래, 들어주마'라는 응답을 좋아합니다. 하나님에게는 빛과 어둠이 같고, 'YES'

와 'NO' 사이에 차이가 없습니다. 하나님은 그 두 가지를 가지고 우리를 더욱 선한 길로 인도하실 수 있습니다.

『천일야화』에 실린 유명한 이야기 '알라딘의 요술 램프'에서는 램프를 문지르면 요정 지니가 나타나 그 사람의 어떤 소원이든 이루어 줍니다. 그런데 지니는 램프를 문지른 사람이 아무리 어리석은 소원을 말해도 절대 거절하지 않습니다. 그 결과 그 사람을 망치기도 합니다. 인간은 스스로에게 무엇이 가장 좋은지 알지 못합니다. 따라서 하나님의 거절 안에는 우리가 이해할 수 없는 하나님의 사랑과 선하심이 있음을 기억해야 합니다.

체념이 아닌 저항으로서의 기도

저는 언젠가 여름 휴가를 떠나기 전날 밤, 요추 4번과 5번 사이의 디스크가 돌출해 신경을 누르면서 극심한 통증을 느꼈던 적이 있었습니다. 겨우 침대에 누웠지만 다음 날 일어날 수 있는 상태가 아니라는 것을 직감할 수 있었습니다. 그럼에도 불구하고 하나님께 기도했습니다. "하나님, 꼭 일어나게 해 주십시오." 원하는 대로 기도가 응답될 것 같지 않았음에도 불구하고 저항하며 기도했던 이유는 기도가 응답되든 거절당하든 '하나님 밖'이 아닌 '하나님 안'에 있고 싶었기 때문이었습니다. 결국 저는 하나님께 보기 좋게 거절당했고 다음 날 새벽 구급차에 실려 병원으로 가 일주일간 입원해야 했습니다. 그러나 하나님은 연약해진 몸을 돌보고 치료하는 휴가를 갖게 하셨습니다. 저에게 꼭 필요한 시간이었습니다.

체념은 믿음이 아닙니다. 많은 경우 우리의 간구 기도는 하나님을 향한 저항의 성격을 가집니다. 가나안 여인은 예수님의 세 번에 걸친 거절에 저항했습니다. 사도 바울도 자신의 질병에 순응하지 않고 고쳐 달라고 간구하며 세 번 저항했습니다. 예수 그리스도께서도 겟세마네 동산에서 이 잔이 지나가게 해 달라고 세 번 간구하며 저항하셨습니다. 이러한 저항의 성격을 띤 간구 기도는 우리로 하여금 나약한 묵종이 아니라 참된 순종에 다다르게 합니다. 믿음의 사람들은 하나님께 체념이 아닌 저항을 하며 믿음을 키워 나갔습니다. 영국의 칼 바르트라고 불리는 P. T. 포사이스(P. T. Forsyth)는 다음과 같이 말했습니다.

> 우리는 경건주의적 숙명론을 경계해야 한다. 그것은 기도에서 사고를 배제하듯이 기도에서 의지를 배제함으로서 영적 생활을 빈곤하게 만들고 인격의 활력을 잃게 하고 겸손을 묵종으로 만들며 경건을 나약하게 만든다.[26]

또한 쾨렌 키에르케고르는 "의로운 사람은 기도로 하나님과 싸워 이기며 하나님도 거기서 이기신다"고 했습니다.[27]

우리는 연약해서 하나님께 간구할 때 자칫 나의 소원을 이루는 데만 집중하기 쉽습니다. 그래서 하나님이 우리가 바라는 대로 응답하지 않으실 때, 실망하거나 좌절하기도 합니다. 그럼에도 불구하고 기도를 계속한다면, 우리의 믿음은 자라날 것이고 더 나아가 나의 소원 성취를 넘어서서 하나님의 뜻을 귀하게 붙들게 될 겁니다. 그리고 바로 그 지점에서 우리를 향하신 하나님의 선하신 뜻이 이루어질 것입니다.

> **핵심 내용**
>
> - 예수님이 가나안 여인의 간구를 세 번이나 거절하신 이유는 여인의 믿음을 북돋아 주시기 위해서였다.
> - 하나님이 우리의 간구에 거절이라는 응답을 주시는 이유는
>   1) 아직 때가 되지 않아서,
>   2) 더 좋은 것을 주시기 위해서,
>   3) 믿음을 더욱 북돋아 주시기 위해서이다.
> - 하나님은 우리 기도에 'YES'라고 응답하며 인도하실 수 있지만 'NO'라고 응답하며 인도하실 수도 있다.
> - 하나님이 나의 기도에 침묵하시고 거절하시더라도 기도를 계속할 때 우리의 믿음은 자라나며 소원 성취를 넘어 하나님의 뜻을 붙들게 된다.

기도 살아가기 ⑪

기도 돌아보기

- 하나님의 침묵과 거절에도 불구하고 계속 기도해야 하는 이유는 무엇인가?

- 하나님은 주로 나의 어떤 기도에 거절의 응답을 하셨는가?

- 하나님의 거절을 통해 알게 된 하나님의 뜻은 무엇인가?

영적 지도

- 하나님이 나의 기도에 원하는 응답을 해 주시든 거절하시든 계속 기도하며 하나님이 내 삶에 무엇을 이루시는지 기다려 보라.

더 읽어 볼 책

- P. T. 포사이스, 『영혼의 기도』(복있는사람)

12 하나님이 설득하실 때

요나의 기도

> 여호와께서 이미 큰 물고기를 예비하사
> 요나를 삼키게 하셨으므로
> 요나가 밤낮 삼 일을 물고기 뱃속에 있으니라.…
> 여호와께서 그 물고기에게 말씀하시매
> 요나를 육지에 토하니라.
> 요나 1:17, 2:10

내 안의 요나

수년 전 어느 신학교 대학원생들과 기도원에서 사흘 동안 영성 훈련을 한 적이 있었습니다. 그때 저는 학생들을 지도하면서 세 가지 놀라운 사실을 발견했습니다.

첫째, 학생들이 하나님께 불평하고 반항하면서도 기도를 멈추지 않았습니다. 가장 바람직하지 않은 기도는 '아무 기도도 하지 않는 것'입니다. 때론 하나님께 반항해도 좋고 불순종해도 좋고 도망가도 좋으니, 기도하면서 반항하고 기도하면서 불순종하고 기도하면서 도망가십시오. 사실 우리는 항상 순종하기보다는 열 번 불순종하다가 한 번 순종하기도 하고, 다섯 번 도망가다가 한 번 돌아오기도 하며, 세 번 반항하다가 한 번 죄송함을 느끼지 않습니까?

둘째, 학생들이 자발적으로 하나님 앞에 기도하러 온 것이 아니라 하나님이 주권적으로 학생들을 부르셨습니다. 오기 싫은데 학점 이수를 위해 억지로 온 학생이 있는가 하면, 자기 차례가 아닌데 앞 사람이 빠져서 오게 되었는데 알고 보니 신학교를 그만 두어야 하나 고민 중이었다는 학생도 있었습니다.

셋째, 제가 지도하는 학생들 모습 안에 바로 저 자신의 모습이 있었습니다. 제 안에도 하나님께 반항하는 마음이 있고, 불순종하는 마음이 있으며, 도망가고 싶은 마음이 있음을 알았습니다. 그래서 학생들을 지도한 건 저였지만, 저 자신도 성령님께 지도를 받는 은혜로운 시간이었습니다.

오늘 본문에 등장하는 요나는 니느웨 사람들을 매우 증오했습니다. 니느웨는 앗수르의 수도로, 요나의 고국인 북이스라엘에게 앗수르는 철천지원수 같은 나라였습니다. 요나는 어려서부터 앗수르 군사들이 쳐들어와 동족들을 잔인하게 살육하는 모습을 보며 자랐습니다. 아마도 그는 "하나님, 저 앗수르가 망하게 해 주십시오"라고 수없이 기도했을 겁니다. 그런데 하나님은 그런 요나를 니느웨를 구원하기 위해 파송하시려 했습니다.

요나서는 하나님의 뜻과 요나의 뜻이 정면충돌하는 장면에서 시작합니다. 요나는 800킬로미터 떨어진 니느웨와는 정반대 방향으로 3,200킬로미터 떨어진 스페인의 다시스로 떠나기 위해 배를 탑니다. 즉, 요나는 하나님이 가라고 하신 곳과 정반대 방향일 뿐 아니라, 거리도 네 배나 멀고 뱃삯도 네 배나 비싼 곳으로 떠나려 하고 있습니다. 얼마나 하나님의 뜻이 싫었으면 그렇게 멀리 떠나려 했겠습니까?

이렇듯 하나님의 뜻이 나의 뜻과 맞지 않으면 얼마든지 하나님께 반항하기도 하고, 불순종하기도 하며, 도망가기도 하는 모습이 바로 '요놈의 나', '요 못된 나', '요 나'입니다.

추격하시는 하나님

요나서의 주인공은 누구일까요? 대개의 경우 주인공이 본문에 가장 많이 언급되기 마련입니다. 그런데 요나서에서 큰 물고기는 네 번, 니느웨는 아홉 번, 요나는 열여덟 번 언급되는데, 하나님은 무려 서른여덟 번이나 언급됩니다. 그러니까 요나서의 주인공은 요나가 아니라 하나님이십니다. 따라서 요나가 무엇을 했고 어떤 행동을 했는지보다는 하나님이 어떻게 역사하셨는지를 볼 때 요나서를 잘 이해할 수 있습니다.

요나서 1장에서 요나가 도망가자 하나님이 큰 바람을 보내시는데, 이는 도망간 요나에 대한 처벌이 아니라, 하나님의 거룩한 추격전이 시작되었음을 의미합니다. 시편 23:6의 "내 평생에 선하심과 인자하심이 반드시 나를 따르리니"라는 말씀에서 '따르다'는 단어는 '뒤에서 바짝 추격한다'는 뜻입니다.

요나가 도망하자 하나님이 선하심과 인자하심으로 요나를 바짝 추격하기 시작하셨습니다. 하나님은 폭풍우를 보내 요나가 바다에 던져지게 하셨고, 큰 물고기를 보내 요나를 삼키게 하셨습니다.

기도의 구조 – 비움과 채움

요나서 1장에서 요나는 기도하지 않았습니다. 그런데 2장에서 요나는 기도하는 요나가 되었습니다. 바다에 던져지고 물고기에게 삼키운 아주 절박한 순간이 왔기 때문입니다.

유대인들은 하나님께 불순종하면 징벌을 받아 죽는다고 생각했습니다. 요나 역시 하나님께 불순종했기 때문에 죽을 줄 알았습니다. 그래서 폭풍우가 몰아치자 선원들에게 자신을 바다에 던지라고 한 것입니다. 그런데 요나가 바다에 던져지자 큰 물고기가 나타나 요나를 삼킵니다. 처음에 요나는 "아! 내가 비참하게 물고기 밥이 되어 죽는구나" 했을 겁니다.

그런데 이상하게도 하루가 지나고 이틀이 지나고 사흘이 되어도 요나는 죽지 않았습니다. 물고기 배 속은 하나님과 독대하는 특별한 시공간으로 바뀌었습니다. 하나님께 불순종해서 죽을 뻔한 사람이 죽지 않고 하나님과 대면한다면 과연 어떤 기도를 하게 될까요? 이것저것 달라는 간구 기도를 하겠습니까? 누군가를 위한 중보 기도를 하겠습니까? 요나는 자신이 살아 있는 것과 하나님을 다시 대면하게 된 것에 대해 감사 기도를 드렸습니다.

독자인 우리는 하나님이 큰 물고기를 예비하셔서 요나를 삼키게 하셨다가 육지에 토해 내게 하셨다는 내용을 알지만, 요나는 물고기 배 속에서 다시 나올 수 있을지 없을지 알지 못했습니다. 다만 그는 죽을 줄 알았는데 살아서 하나님과 대면하고 있음에 감격해서 평소에 암송하고 있던 시편으로 감사 기도를 할 뿐이었습니다.

그런데 요나가 이 시점에서 해야 할 기도는 어떤 기도입니까? 하나님께 불순종하고 도망가다가 하나님과 대면하게 되었다면 자신의 불순종에 대한 회개 기도를 해야 마땅하건만 요나서 2장에 나오는 요나의 기도는 어떤 면에서 온전치 못한 기도에 가깝습니다.

주께서 나를 깊음 속 바다 가운데에 던지셨으므로. (욘 2:3)

요나 스스로 불순종하다 바다에 던져지게 되었음에도 불구하고 요나는 하나님이 자신을 바다에 던지셨다며 하나님 탓을 하고 자신의 책임을 회피합니다.

내가 여호와를 생각하였더니. (욘 2:7)

요나는 하나님을 생각하긴 했지만, 자신이 불순종하고 하나님을 피해 도망간 것은 생각하지 않습니다. 심지어 8-9절에서는 마치 누가복음 18장의 바리새인이 세리를 비하하며 기도한 것처럼 이방인들을 비하하며 기도합니다.

> 거짓되고 헛된 것을 숭상하는 모든 자는 자기에게 베푸신 은혜를 버렸사오나 나는 감사하는 목소리로 주께 제사를 드리며 나의 서원을 주께 갚겠나이다. 구원은 여호와께 속하였나이다. (욘 2:8-9)

요나의 기도를 한마디로 말하면, '불완전한 사람의 불완전한 기도'입니다. 요나의 기도 안에 나의 기도가 보이지 않습니까? 우리는 "하나님, 제가 잘못했습니다" 하며 회개하기보다는 하나님을 탓하고 남을 탓하는 푸념 어린 기도를 할 때가 종종 있습니다. "참호 속에는 무신론자가 없다"는 말이 있듯 위험에 처했을 때야 비로소 기도하기 시작합니다. 그런데 놀라운 것은 하나님이 그러한 우리의 불완전한 기도를 고스란히 경청해 주신다는 사실입니다.

영적 지도자의 중요한 역할 중 하나는, 피지도자들이 자신의 기도 내용을 나눌 때 그 내용이 아무리 얼토당토않다 하더라도, 하나님처럼 그들에게 주의 깊게 경청하는 것입니다. 그렇게 자기 속에 있는 모든 것을 끄집어 낼 때에야 비로소 피지도자들은 하나님의 음성을 들을 준비를 갖추기 때문입니다.

이것은 하나의 기도의 구조이기도 합니다. 실제로 기도자들이 기도할 때 하나님은 그 어떤 기도든 귀 기울여 들어 주십니다. 그러면 기도자들은 자신의 속내를 다 털어놓고 털어놓다가 자신의 말만 하기보다는 어느 순간 내면에서 하나님의 음성을 듣고 싶은 열망이 점점 자라나기 시작합니다.

요나는 큰 물고기의 배 속에서 하나님께 기도하는 동시에 그의 기도를 들어 주신 하나님께 순종할 마음의 여지를 갖게 됩니다. 그 결과 도망자였던 요나는 다시 사명자가 되어 니느웨로 복음을 전하러 갑니다.

하나님을 사랑하며 하나님의 뜻도 사랑하다

그러면 요나는 사흘간 물고기 배 속에서 기도하면서 완전히 변화되었을까요? 요나는 불순종하는 자에서 순종하는 자가 되었지만 여전히 니느웨가 멸망하기를 바라면서 아주 소극적으로 복음을 전합니다. 그리고 급기야는 하나님이 뜻하신 대로 니느웨가 회개하자 다음과 같이 하나님께 성내며 기도합니다.

요나는 화가 치밀어 올랐다. 그는 분을 터뜨리며 하나님께 소리를 질러 댔다. "하나님! 내, 이럴 줄 알았습니다. 고국에 있을 때부터 이렇게 될

| 책갈피 |

요나가 니느웨 사람들을 용서하기 위해 어떻게 해야 했을까? 19장. 모세의 기도 "대도"(236쪽)와 23장. 예수님이 가르쳐 주신 기도 "사람에 관한 기도 2 : 죄 용서"(282쪽)를 참고하라.

줄 알았습니다! 그래서 내가 다시스로 도망치려고 했던 것입니다. 주님은 지극히 은혜로우시며 자비로우신 분이라는 것을, 웬만해서는 노하지 않으시고, 사랑이 차고 넘치며, 벌을 내리려 했다가도 툭하면 용서해 주시는 분이라는 것을, 내가 진작부터 알고 있었습니다! 그러니 하나님, 저들을 죽이지 않으실 거라면, 나를 죽여 주십시오! 차라리 죽는 게 낫겠습니다!"(욘 4:1-2, 메시지)

요나서 2장에서의 기도가 절박한 상황에서 정신없이 드린 기도였다면 4장에서의 기도는 그야말로 요나다운 기도입니다. 그러자 하나님이 분노한 요나를 교훈하시기 위해 몇 가지 행동을 취하시는데, 이 장면에서 하나님은 마치 아동부 전도사님처럼 보입니다.

요나가 성읍 동쪽에 앉아 니느웨를 바라보고 있는데 하나님이 박넝쿨을 예비하셔서 요나의 머리에 그늘을 만들어 주셨습니다. 그러자 요나가 크게 기뻐했습니다. 그다음에는 벌레를 준비하셔서 박넝쿨을 갉아먹게 하셨습니다. 그리고 뜨거운 동풍을 불게 하셨더니 요나는 또 죽겠다고 야단입니다. 그러자 하나님이 질문하십니다. "네가 이 박넝쿨로 말미암아 성내는 것이 어찌 옳으냐?" 요나가 대답합니다. "성내어 죽기까지 할지라도 옳으니이다!" 그러자 하나님이 말씀하십니다. 요나서의 결론입니다.

여호와께서 이르시되 "네가 수고도 아니하였고 재배도 아니하였고 하룻밤에 났다가 하룻밤에 말라 버린 이 박넝쿨을 아꼈거든 하물며 이 큰 성읍 니느웨에는 좌우를 분변하지 못하는 자가 십이만여 명이요 가축도 많이 있나니 내가 어찌 아끼지 아니하겠느냐?" (욘 4:10-11)

요나서는 여기서 끝이 나지만 저는 신학적 상상력을 가지고 요나가 나중에 회심한 후에 이렇게 말하지 않았을까 생각해 보았습니다. "하나님, 당신은 누구십니까? 당신은 누구시길래 이렇게 보잘것없고 교만하고 어리석고 고집 센 인간을 이해시키고 설득하려고 큰 바람을 보내시고 큰 물고기를 보내시고 박넝쿨을 만드시고 벌레를 보내시고 뜨거운 바람을 보내십니까? 그냥 당신 뜻대로 하셔도 되는데 왜 저 같은 사람 하나 이해시키고 설득하겠다고 무던히도 애를 쓰십니까? 저는 여전히 하나님의 뜻이 싫습니다. 그러나 당신의 뜻을 이해시키려고 애써 설득하시는 하나님은 참 좋습니다."

요나는 포기하지 않고 자신의 눈높이까지 낮아지셔서 설득하신 하나님을 사랑하다가 결국 하나님의 뜻도 사랑하게 되지 않았을까요? 그리고 하나님을 사랑하지도 않으면서 하나님의 뜻에 순종하는 것이 과연 참된 순종이라고 할 수 있을까요?

영성 훈련을 마치던 마지막 날, 저는 신학생들이 점점 하나님께 설득되는 것을 볼 수 있었습니다. 시종일관 하나님께 반항하던 학생은 그 누구보다 하나님의 음성에 민감하게 귀를 기울이는 사람이 되어 있었고, 오랜 세월 하나님께 순종하지 못했던 학생은 자신이 하나님이 선택하신 종이라는 사실을 겸허하게 받아들이고 있었습니다. 신학의 길에서 도망가고 싶어 했던 학생은 하나님의 손을 잡고 동행하면 도망가지 않고 계속 갈 수 있겠노라고 고백했습니다. 이것은 비단 제가 만났던 학생들뿐만 아니라 우리 모두의 기도의 여정이라 생각합니다.

우리는 여전히 하나님의 뜻이 싫고 아집으로 가득차 내 뜻을 관철시키고 싶을지도 모르겠습니다. 그러나 당장 하나님의 뜻을 받아들이기 어려울지라도, 나를 포기하지 않으시고 끊임없이 설득하시는 하나님은 사랑할 수 있지 않겠습니까? 하나님을 사랑하다 보면 하나님의 뜻도 사랑하게 되고 결국 하나님께 설득되어 하나님의 뜻을 나의 뜻으로 삼게 될 것입니다.

> 핵심 내용
>
> - 하나님께 반항하고 불순종하는 순간에도 기도하라.
> - 기도의 구조 : 우리의 속내를 하나님 앞에 모두 털어놓을 때 비로소 우리의 내면에 하나님의 음성을 듣고자 하는 열망이 자라난다.
> - 우리는 우리를 포기하지 않으시고 추격하시고 설득하시는 하나님을 마침내 사랑하게 된다.
> - 하나님을 사랑하다 보면 하나님의 뜻도 받아들이게 된다.

기도 살아가기 ⑫

기도 돌아보기

- 하나님께 반항하고 불순종하는 순간에도 기도하는 것은 어떤 의미가 있는가?

- 하나님을 사랑하는 마음 없이 하나님의 뜻에 순종하는 것의 한계는 무엇인가?

영적 지도

- 하나님께 충분히 기도하며 내 안에 하나님의 음성을 듣고 싶은 열망이 일어나는지 느껴 보라. 만일 하나님의 음성을 듣고 싶은 열망이 식었다면, 아직 하나님 앞에 털어놓지 못한 것이 내면에 쌓여 있는지 돌아보고 하나님께 모두 말씀드려 보라.

더 읽어 볼 책

- 지크프리트 그로스만, 『대화로서의 기도』(킹덤북스)

13 하나님이 나를 버리신 것 같을 때

욥의 기도

> 내가 난 날이 멸망하였더라면,
> 사내아이를 배었다 하던 그 밤도 그러하였더라면,
> 그 날이 캄캄하였더라면,
> 하나님이 위에서 돌아보지 않으셨더라면,
> 빛도 그 날을 비추지 않았더라면.
> 욥기 3:3-4

하나님이 멀게 느껴질 때

신앙의 여정 중에 하나님과의 친밀한 교제를 경험할 때도 있지만, 마치 하나님이 안 계신 것 같은 부재감을 경험할 때도 있습니다. 그러나 실제로 하나님이 우리와 함께하실 때도 있고, 함께하시지 않을 때도 있는 것은 아닙니다. 다만 우리 인간이 연약하기 때문에 하나님이 멀리 계신 것처럼 느껴질 때가 있을 뿐입니다. 그러므로 우리는 하나님이 멀게 느껴질 때일수록 더더욱 하나님을 찾고 찾아 만날 수 있어야 합니다.

사노라면 원치 않는 병을 얻을 때도 있습니다. 믿었던 사람에게 배신을 당하거나 갑자기 직장을 잃을 때도 있고, 억울한 일을 당할 때도 있습니다. 그럴 때 우리는 누군가를 원망하고 불평하고 탄식하던 끝에 결국 하늘을 바라보면서 "하나님, 도대체 나에게 왜 이런 일이 있게 하십니까?" 하고 질문을 던지게 됩니다. 하나님이 나를 버리신 것 같은 순간에 우리는 어떻게 하나님 앞에 나아갈 수 있을까요?

성급한 관습적 해결

욥기 1-2장을 보면 하나님이 사탄에게 두 차례에 걸쳐 욥을 자랑하십니다.

> 여호와께서 사탄에게 이르시되 "네가 내 종 욥을 주의하여 보았느냐? 그와 같이 온전하고 정직하여 하나님을 경외하며 악에서 떠난 자는 세상에 없느니라." (욥 1:8, 2:3)

그러자 사단이 하나님과 욥의 관계를 비웃으며 다음과 같이 도발했습니다.

> 사탄이 여호와께 대답하여 이르되 "욥이 어찌 까닭 없이 하나님을 경외하리이까? 주께서 그와 그의 집과 그의 모든 소유물을 울타리로 두르심 때문이 아니니이까? 주께서 그의 손으로 하는 바를 복되게 하사 그의 소유물이 땅에 넘치게 하셨음이니이다. 이제 주의 손을 펴서 그

의 모든 소유물을 치소서. 그리하시면 틀림없이 주를 향하여 욕하지 않겠나이까?"(욥 1:9-11)

그러자 하나님은 욥과의 신실한 관계를 확증하기 위해 잠시 욥의 삶에 신비로운 일을 허락하셨는데, 그것은 인과응보의 세계관의 울타리를 무너뜨리신 것이었습니다. 인과응보의 핵심이 무엇입니까? 심은 대로 거둔다는 것입니다. 욥은 하나님을 경외하며 정직하고 의롭게 산 결과, 동방의 거부로서 열 자녀를 두고 살았는데, 그 모든 것을 하루 아침에 잃고 맙니다.

그러자 욥이 어떻게 반응했습니까? 하나님은 욥이 가진 인과응보의 세계관을 무너뜨리셨지만, 욥은 아직도 인과응보의 세계관을 붙들고 그 안에서 반응합니다. "주신 이도 여호와시요 거두신 이도 여호와시오니 여호와의 이름이 찬송을 받으실지니이다"(1:21)라고 고백하며 하나님을 원망하지 않았습니다. 또한 "우리가 하나님께 복을 받았은즉 화도 받지 않겠느냐?"(2:10)라고 고백하며 입술로 범죄하지도 않았습니다.

욥기 전문가인 구약 성서학자 캐롤 A. 뉴섬(Carol A. Newsom)은 이 대목에서 "욥이 자신에게 들이닥친 엄청난 고난을 너무 성급하게 관습적인 신앙의 틀 안에서 해결해 버리려 했다"고 평가합니다.[28] 아니나 다를까, 시간이 흐를수록 욥과 욥의 아내는 지금의 불행이 자신들이 심은 대로 거둔 게 아니라는 사실을 절감하게 됩니다. 심은 대로 거둔다는 원리가 무너질 때 사람은 인생이 무너지는 것같이 느낍니다.

우리 사회는 한때 금수저, 흙수저를 거론하며 불평등 문제에 민감해 했습니다. 죽도록 노력해 실력을 갖춘 나는 아직 일자리를 구하지 못했는데, 부모 잘 만난 친구는 실력이 부족한 데도 번듯하게 사는 것 같을 때가 있지요. 심은 대로 거두는 사회가 되어야 살맛도 나고 노력할 맛도 나는 법입니다. 그렇지 못할 때 우리는 삶의 의욕을 잃곤 합니다.

욥의 아내는 욥에게 심한 말을 합니다. "당신이 그래도 자기의 온전함을 굳게 지키느냐? 하나님을 욕하고 죽으라"(욥 2:9). 이 말씀을 풀어 해석하면 다음과 같은 의미입니다. "여보, 우리가 그렇게 하나님께 순종했는데 재앙을 주셨네요? 이건 심은 대로 거둔 게 아니잖아요? 그렇다면 차라리 하나님을 욕하는 불순종이라도 한 번 해 봅시다. 그래야 심은 대로 거둔다는 이치 안에서 재앙을 당한 것이 덜 억울하지 않겠어요?" 그러나 욥은 끝내 하나님께 대한 신뢰를 저버리지도 않고, 하나님을 저주하지도 않습니다.

그러는 한편, 욥의 영혼에 작은 균열이 가기 시작합니다. 심은 대로 거두어야 한다는 자기중심적 인과응보의 틀에서 한발 벗어나, 심은 대로 거두지 못할 수도 있다는 하나님 중심의 큰 틀로 옮겨 가기 시작합니다. 거기서 터져 나온 욥의 반응이 바로 탄식입니다.

탄식, 하나님과의 인격적인 관계로 들어가는 문

욥이 탄식하기 전에 욥의 세 친구들이 찾아옵니다. 데만 사람 엘리바스, 수아 사람 빌닷, 나아마 사람 소발이 찾아와 욥의 기막힌 상황을 보고 7일간 아무 위로할 말을 찾지 못해 침묵합니다. 그런데 여기서 욥의 친구들이 왜 등장했을까요? 벽이나 허공을 보고 탄식할 때와 들어 주는 사람 앞에서 탄식할 때, 둘 중 어떨 때 더 잘 탄식하게 될까요? 들어 주는 사람이 있을 때지요?

그래서 욥의 세 친구는 '욥의 탄식'의 산파 역할을 해 줍니다. 그러면 욥의 탄식 소리를 한번 들어 볼까요?

> 그 후에 욥이 입을 열어 자기의 생일을 저주하니라. 욥이 입을 열어 이르되 "내가 난 날이 멸망하였더라면, 사내 아이를 배었다 하던 그 밤도 그러하였더라면, 그 날이 캄캄하였더라면, 하나님이 위에서 돌아보지 않으셨더라면, 빛도 그 날을 비추지 않았더라면." (욥 3:1-4)

욥의 탄식은 "하나님이 이르시되 '빛이 있으라' 하시니 빛이 있었고"(창 1:3)라는 말씀에 정면으로 도전합니다. "그 날이 캄캄하였더라면!"은 원어로 "태초에 어둠이 있었더라면!"이라는 의미로 하나님의 창조를 전면 부정하고 있습니다. 왜 그랬을까요? 욥 자신이 당한 불행 때문이었습니다. 사람이 극도로 힘든 상황에 처하면 '세상이 확 다 망해 버렸으면 좋겠다!' '오늘 지구가 멸망해 버리면 좋겠다!' 하고 생각하지 않습니까? 그와 같은 뜻입니다.

욥기 3:1-10까지의 내용을 보면, "… 하였더라면!"이라는 표현이 무려 열두 번 등장합니다. 일종의 현실 부정입니다. 사람은 누구나 극도의 고통과 고난 가운데 처할 때 생명을 증오하게 됩니다. 생명이 있으니 고통을 느끼는 것이기 때문입니다. 그래서 11-26절에서 욥은 여섯 번이나 "어찌하여"를 외치며 죽음의 세계를 갈망합니다. "어찌하여 내가 태에서 죽어 나오지 아니하였던가? 어찌하여 내 어머니가 해산할 때에 내가 숨지지 아니하였던가?"(욥 3:11) 1-2장에 묘사된 욥의 모습과 3장에 묘사된 욥의 모습이 너무나 대조적이지 않습니까? 그러면 욥의 탄식에는 어떤 의미가 있는 것일까요?

성도 한 분이 습관적으로 "하나님, 감사합니다!" 하며 기도를 시작하는데 그날따라 하나님의 음성이 거의 반사적으로 들려왔답니다. "정말이냐? 너 사실 감사하지 않잖니?" 그제서야 그는 "맞습니다. 하나님, 사실 감사하지 않습니다. 저는 곧 이혼을 앞두고 있고, 이제 어떻게 살아야 할지 눈앞이 캄캄합니다." 그렇게 솔직하게 탄식하자 기도가 깊어지기 시작했습니다.

때론 많은 말로 하는 기도보다는 깊이 내쉬는 한숨이나 "주여!" 하는 탄식, 그리고 목을 타고 가슴까지 흘러내리는 뜨거운 눈물 같은 비언어적인 기도가 더욱 진솔한 기도가 될 때가 있습니다. 욥이 많은 말로 탄식하는 것 같지만, 사실 그의 탄식은 논리적 사변이 아니라 너무 아파서 '으악!' 하고 지르는 비명에 가깝습니다. 그런데 놀라운 것은 욥이 1-2장에 나오는 관습적 신앙의 차원에 있을 때보다 하나님 앞에 탄식하고 탄원하고 저항할 때 하나님과의 진정한 인격적 교제의 차원으로 들어가게 되었다는 점입니다.[29]

탄식은 불신앙이 아닌 참 신앙이다

만일 사랑하는 가족이나 친구에게 걱정거리가 있는 게 분명한데, 잘 지내고 있으니 걱정하지 말라며 혼자 끙끙 앓는다면, 나에게 솔직하게 고민을 털어놓길 바라지 않겠습니까? 하나님도 우리가 홀로 탄식하기보다는 하나님 앞에 나와 탄식하기를 원하십니다. 그래서 탄식은 불신앙이 아니라 참 신앙에 가깝습니다. 성경 인물들은 하나같이 자신의 불행과 좌절에 대해 하나님 앞에 나와 탄식하며 쏟아 냈습니다.

한나는 아들을 얻지 못하자 하나님 앞에 나와 탄식하며 기도했습니다(삼상 1:10). 사도 바울은 원하시는 선을 행하고자 하나 죄악만을 행하는 자신에 대해 "오호라! 나는 곤고한 사람이로다! 이 사망의 몸에서 누가 나를 건져내랴!" 하며 탄식했습니다(롬 7:24). 모두가 예수님을 버릴지라도 나는 절대 예수님을 배반하지 않겠다고 호언장담한 베드로는 예수님을 배반한 후 닭이 세 번 울자 슬피 울며 탄식했습니다(눅 22:62). 욥은 지금 뿌린 대로 거둔다는 인과응보적 세계관의 틀이 깨지면서 그 충격에 놀라 비명과도 같은 탄식을 하나님 앞에 쏟아 내고 있습니다. 이같은 성경 인물들의 탄식은, 불신앙적 넋두리가 아니라 하나님을 신뢰하는 역설의 언어입니다. 하나님이 계시지 않는 것 같을 때 부르는 찬양이 바로 탄식입니다.

만일 우리에게 하나님에 대한 신뢰가 없다면 우리가 하나님 앞에서 탄식할 수 있을까요? 절대 그럴 수 없습니다. 욥이 생일을 저주하고, 죽음 안에서 안식을 갈망하며, 왜 자신에게 생명을 주셨냐고 탄식할 수 있었던 이유는 하나님에 대한 신뢰가 있었기 때문입니다.

그러면 하나님은 우리의 탄식 소리를 어떻게 들으실까요? 하나님은 당신께 신뢰를 두고 하나님 앞에 탄식하는 우리의 탄식 소리를 찬양으로 들으신답니다. 누가복음 18장에서 바리새인과 세리가 기도할 때, 하나님은 바리새인의 교만한 기도가 아닌 세리의 탄식 어린 기도를 받으셨습니다. "하나님이여, 불쌍히 여기소서, 나는 죄인이로소이다"(눅 18:13).

만일 하나님에 대한 신뢰가 없어서 하나님 앞에서 탄식하지 못하고 홀로 탄식하면 어떻게 될까요? 다름 아닌 절망에 빠지게 됩니다. 스스로 극단적인 선택을 하는 사람들의 공통점은 하나님은 물론이고 사람들에게도 탄식하지 않는다는 점입니다. 그저 카톡 프로필을 바꾸고, 술을 마시고, 아끼던 물건을 친구에게 주고, 홀로 조용히 생을 마감합니다. 자살을 막는 방법 중 하나가 무엇인지 아십니까? 상대방으로 하여금 탄식하게 하고 귀 기울여 들어 주는 것입니다.

사울 왕이 하나님 앞에 탄식했다면 과연 그가 자살했을까요? 가룟 유다가 하나님 앞에 탄식했다면 자살했을까요? 가룟 유다도, 베드로도 똑같이 예수님을 배반했지만 하나님 앞에 탄식한 베드로는 살았고, 하나님 앞에 탄식하지 못하고 홀로 탄식한 유다는 스스로 목숨을 끊고 말았습니다. 하나님 없는 탄식은 사람을 죽음으로 인도하지만, 하나님 앞에서 하는 탄식은 사람을 소망으로 인도합니다. 그래서 탄식이란, 절망에서 희망으로 나아가는 데 있어서 반드시 거쳐야 할 관문인 것입니다. 욥은 지금 탄식하면서 절망을 넘어 희망으로 나아가고 있습니다.

탄식은 하나님에 대한 희망이다

신학자 구티에레스(Gustavo Gutiérrez)는 말합니다. "기도는 본질상 탄식과 저항의 성격을 지닌다. 탄식과 저항은 하나님께 상달되고, 하나님은 그들의 탄식을 들으시고 세상을 바꾸어 주신다. 그런 점에서 고난당하는 자는 새 세상의 주인이 된다. 기도하는 자에게 희망이 있듯이 희망 없는 탄식은 없다."[30]

우리 사회 곳곳에서 우리가 처한 현실에 탄식하고 시위하며 저항하는 모습을 볼 때, 희망이 느껴집니까? 아니면 절망이 느껴집니까? 희망이 느껴집니다. 왜 그럴까요? 사태가 개선될 희망이 있기에 탄식도 하고 시위도 하는 것이기 때문입니다. 욥의 지혜가 무엇인지 아십니까? 그는 체념하지 않았습니다. 하나님에 대한 신뢰를 가지고 하나님 앞에 탄식했습니다. 생일을 저주하고 죽음의 안식을 갈망하며 탄식하다가 하나님에 대한 소망으로 나아갔습니다.

"어찌하여 하나님은, 고난당하는 자들을 태어나게 하셔서 빛을 보게 하시고, 이렇게 쓰디쓴 인생을 살아가는 자들에게 생명을 주시는가? … 어찌하여 하나님은 길 잃은 사람을 붙잡아 놓으시고, 사방으로 그 길을 막으시는가?"(욥기 3:20, 23) 겉으로 보면 탄식인데, 그 내용을 깊이 들여다보면 하나님에 대한 소망이 짙게 묻어 있음을 발견할 수 있습니다.

탄식으로 신뢰하다

인생의 여러 고통과 고난 가운데 있는 여러분, 혹시 욥기 1-2장의 관습적 신앙의 틀 안에서 회개하고 감사하며, "주신 이도 여호와시요, 거두신 이도 여호와시오니 여호와의 이름이 찬송을 받으실지니이다" "우리가 하나님께 복을 받았은즉 화도 받지 아니하겠느냐?"라고 근사하게 신앙 고백을 하셨습니까? 잘하셨습니다. 대단하십니다. 그것도 맞습니다. 그런데 혹시 뭔가 마음이 찝찝하지 않았습니까? 우리 마음속 깊은 곳에 있는 솔직하고도 진실한 탄식을 생략했다면, 그 근사한 고백들은 내 것이 될 수 없습니다. 욥기 1-3장은 한 덩어리로 보아야 합니다. 욥기 1-2장과 3장을 왔다 갔다 하십시오. 욥의 두 가지 반응은 모순적인 것이 아니라 한 몸체입니다.

언젠가 배우자 상을 당한 한 성도님의 집에 심방을 간 적이 있습니다. 예배하며 찬송을 부르는데 눈물이 터져 나와 함께 탄식하고 울었습니다. 그런 후에 말씀을 나누고 함께 기도했습니다. 욥기 3장에서 시작해 1-2장으로 갈 수 있었습니다. 그러면 욥기는 왜 1-2장을 먼저 기술하고 3장의 탄식을 나중에 기술했을까요? "얘들아, 너희가 고난을 당할 때 욥의 1-2장 같은 반응만 하고 지나갈 수 있을 줄 알았지? 3장을 잊지 말거라" 하는 의미입니다.

고난 가운데 계신 여러분, 특별히 1-2장의 욥처럼 하나님께 의연하게 응답했는데, 뭔가 하나님과 나 사이에 아직도 커다란 간극이 느껴진다면 3장의 욥처럼 하나님 앞에 탄식하는 시간을 가져 보기 바랍니다. 하나님이 멀게 느껴질 때 우리가 하나님 앞에 나아가는 방법은 하나님을 향한 신뢰를 가지고 하나님 앞에 탄식하는 것입니다.

하나님 앞에 탄식하는 우리를 하나님은 체념이 아닌 믿음으로, 불신앙이 아닌 참 신앙으로, 절망이 아닌 소망으로 인도해 주실 것입니다.

> 핵심 내용
>
> - 하나님 앞에 탄식할 수 있는 이유는 하나님을 향한 신뢰가 있기 때문이다.
> - 상황이 개선될 희망이 있을 때 탄식하고 저항할 수 있다.
> - 하나님 앞에 탄식하지 않을 때 오히려 절망에 빠지게 된다.
> - 하나님을 향한 탄식은 불신앙의 넋두리가 아니라 하나님을 신뢰하는 역설의 언어다.
> - 탄식은 하나님이 계시지 않은 것 같을 때 부르는 찬양이다.

기도 살아가기 ⑬

기도 돌아보기
- 내가 처한 현실의 어려움과 불만에 대해 하나님을 향해 탄식하지 못할 때 내가 하나님을 신뢰한다고 할 수 있는가?

- 탄식이 불신앙이 아닌 참 신앙에 가까운 이유가 무엇인가?

영적 지도
- 탄식과 눈물과 깊은 한숨 등 비언어적 기도로 하나님 앞에 나아가 보라.

더 읽어 볼 책
- 구스따보 구띠에레스, 『욥에 관하여』(분도출판사)

4부

기도의 회복
-회개 기도-

하나님께 잘못한 것이 많을수록
하나님께 더 자주 더 가까이 나아가야 합니다.
우리보다 하나님이 관계 회복을 원하시기 때문입니다.

하나님과의 관계가 우리의 죄로 인해 손상되었을 때
관계 회복은 우리가 아닌 하나님께 달려 있습니다.

나의 회개가 아닌 하나님의 용서에 희망이 있음을 알 때
우리는 하나님께 돌아가 안길 수 있습니다.

14 | 열린 미래와
닫힌 미래

다윗의 기도

> 다윗이 그 아이를 위하여 하나님께 간구하되
> 다윗이 금식하고 안에 들어가서
> 밤새도록 땅에 엎드렸으니…
> 다윗이 땅에서 일어나 몸을 씻고
> 기름을 바르고 의복을 갈아입고
> 여호와의 전에 들어가서 경배하고
> 왕궁으로 돌아와 명령하여
> 음식을 그 앞에 차리게 하고 먹은지라.
> 사무엘하 12:16, 20

돌아갈 곳을 만들어야 하는 이유

우리 인생은 어떤 목적지에 다다르기 위해 열심히 앞만 보고 달려가는 것만이 아니라, 돌아가고 싶은 지점을 만들며 살아가는 것이기도 합니다. 새벽 기도를 해 본 사람은 갈급한 때에 기도로 새벽을 깨울 수 있습니다. 철야 기도를 해 본 사람은 인생의 막막한 순간에 기도로 밤을 지새울 수 있습니다. 단기 선교를 가 본 사람은 기회가 될 때 비전 트립에 나설 수 있습니다. 이처럼 신앙의 영적 여정이란 다시 돌아갈 곳을 만들며 살아가는 것입니다.

그런데 돌아가고 싶은 곳을 만들며 살아야 하는 이유가 또 하나 있습니다. 그것은 우리가 하나님을 가까이하며 살 때도 있지만 멀리하며 살 때도 있기 때문입니다.

다윗의 떠남

이스라엘 통일 왕국의 왕이 된 후에 다윗은 자신도 모르게 하나님께로부터 멀어지기 시작했습니다. 그 결과 다윗 자신이 누구인지, 누구여야 하는지도 잊고 말았습니다. 죄는 곧 하나님과 자신에 대한 무지입니다. 예언자 아모스가 이스라엘과 그 주변국의 죄악을 지적할 때 사용하는 표현이 있습니다. 그것은 바로 "서너 가지 죄"(암 1:3)입니다. 이는 죄가 하나만으로 끝나지 않고 여러 죄를 동반하기 때문입니다.

　다윗은 밧세바와 간음하는 데서 멈추지 않고, 죄를 은폐하기 위해 거짓말을 하고 급기야 우리아를 교살하기까지 했습니다. 그야말로 서너 가지 죄를 짓게 된 것입니다. 그러면 하나님은 다윗이 다시 하나님께 돌아오도록 하기 위해 어떻게 하셨을까요? 그리고 다윗은 하나님께 다시 돌아가기 위해 무엇을 했을까요?

열린 미래와 닫힌 미래

대부분의 경우 우리는 스스로를 위해 무엇을 기도해야 하는지 잘 모릅니다. 그래서 필요를 구하는 경우가 많습니다만, 우리에게 가장 중요한 기도 제목은 자신의 존재의 상태입니다. 하나님이 나단 선지자를 보내 다윗이 어떤 상태인지 깨닫게 해 주시자 그는 자신의 존재의 상태를 하나님께 아룁니다. "내가 여호와께 죄를 범하였노라"(삼하 12:13).

이어서 하나님은 하나님이 어떤 분이신지 알게 해 주시기 위해 다윗으로 하여금 기도하게 하십니다.

> 주님께서 우리야의 아내와 다윗 사이에서 태어난 아이를 치시니, 그 아이가 몹시 앓았다. 다윗이 그 어린 아이를 살리려고, 하나님께 간절히 기도를 드리면서 금식하였다. 그는 왕궁으로 돌아와서도 밤을 새웠으며, 맨 땅에 누워서 잠을 잤다. (삼하 12:15-17, 새번역)

다윗은 아이가 낫게 해 달라고 간절히 금식하며 간구 기도를 했습니다. 그럼에도 불구하고 아이는 결국 앓다가 죽고 말았습니다. 그러자 다윗이 어떻게 했습니까? 아이가 죽었다는 소식을 듣자 다윗은 일어나 몸을 씻고, 의복을 갈아입고, 하나님께 경배하고, 음식을 먹었습니다.

하나님은 우리 앞에 열린 미래와 닫힌 미래를 두십니다. 그때 우리는

책갈피

- 10장. 히스기야의 기도에서 히스기야는 열린 미래와 닫힌 미래 앞에서 어떻게 기도했는가?(131쪽)
- 15장. 다니엘, 16장. 에스라, 17장. 느헤미야는 공통적으로 회개에 대해 어떤 관점을 가지고 있는가?

먼저 열린 미래를 향해 기도해야 합니다. 아모스 7장에서 하나님은 다섯 가지 환상을 보여 주시면서 이스라엘의 죄에 대해 이렇게 심판하겠다고 하십니다. 그러자 아모스 선지자가 간청합니다. "하나님, 이스라엘이 미약합니다. 재앙을 내리지 말아 주십시오!"(참조. 암 7:2). 열린 미래를 향해 기도하자 하나님이 뜻을 돌이키사 재앙을 내리지 않으십니다.

하나님이 재앙을 내리겠다 하시는데, "네, 그럼 그렇게 하십시오" 하는 것은 열린 미래를 향해 기도하는 것이 아닙니다. 가족이나 친지 중에 누군가 갑자기 중한 병에 걸렸을 때, 아무리 의사가 오래 살기 어렵다고 진단하고, 누가 보아도 회생 가능성이 낮다고 해도 치유와 회복을 위해 기도하지 않는 것은 열린 미래를 향해 기도하지 않는 겁니다. 설사 부정적인 결과가 예상된다고 해도 하나님께 끝까지 은혜를 구하는 것이 바로 열린 미래를 향해 기도하는 것입니다.

다윗은 밧세바와 간음한 죄의 결과로 낳은 아들을 하나님이 치셨다는 것을 알고 있었습니다. 그러나 그는 이 아이가 죽을 것이라고 체념한 채 기도를 포기하지 않았습니다. 그는 금식하고 땅에서 잠을 자며 아이가 죽는 순간까지 간절히 기도했습니다.

그러나 하나님이 그 아이의 생명을 거두어 가시자 그는 더 이상 열린 미래를 향해 기도하지 않았습니다. 아이가 죽자 다윗은 일어나 씻고, 옷을 갈아입고, 하나님께 경배하고, 음식을 먹었습니다. 즉, 닫힌 미래를 받아들인 것입니다. 우리는 이와 반대로 기도할 때가 많습니다. 열린 미래를 향해 하나님께 은혜를 간구하지 않고, 곧장 닫힌 미래로 가서 기도를 포기하는 것입니다. 그러나 하나님은 우리 앞에 열린 미래와 닫힌 미래를 두십니다. 열린 미래도, 닫힌 미래도 둘 다 우리를 향한 하나님의 사랑입니다.

야베스의 기도를 기억합니까? "하나님, 제 이름이 고통인데, 제 인생이 고통스럽지 않도록 해 주십시오"라고 기도했더니 하나님이 "그래, 그렇게 해 주마" 하고 응답하셨습니다. 이 야베스의 기도가 바로 열린 미래를 향한 기도입니다.

여러분, 우선 열린 미래를 향해 마음껏 간구하고 기도하십시오. 그러고 나서 우리에게 더 이상 바꿀 수 없는 닫힌 미래가 다가오면 하나님의 뜻을 겸허히 받아들이십시오. 그러면 하나님이 또 다른 문을 열어 주실 겁니다.

작년 여름 어린이 주일에 비 예보가 있었습니다. 제가 섬기는 교회에서 여러 놀이기구를 대여해 운동장에 설치한 상황이었습니다. 그때 저는 하나님께 비가 오지 않게 해 주십사 열린 미래를 향해 기도했습니다. 그런데 그만 주일에 비가 내리고 말았습니다. 그때 비로소 닫힌 미래를 받아들였습니다. 하나님이 다른 길을 열어 주셔서 실내에서 다른 놀이를 더 재미있게 할 수 있었습니다.

다윗은 아들이 죽자 더 이상 열린 미래를 향해 기도하지 않고 닫힌 미래를 받아들였습니다. 그리고 다시 밧세바와 동침해 아들을 낳게 되는데, 그 아들의 이름이 바로 솔로몬입니다.

하나님을 알고 나를 아는 회개의 여정

그러면 다윗은 열린 미래와 닫힌 미래를 두고 기도하며 어떤 하나님을 알게 되었을까요? 하나님이 밧세바와 간음한 후 얻은 아들을 죽이셨을 때 다윗은 하나님이 죄에 대해 엄단하시는 공의의 하나님이심을 알게 되었습니다. 또한 그럼에도 불구하고 하나님이 밧세바와의 사이에서 아들 솔로몬을 주셨을 뿐만 아니라 그 솔로몬을 다윗의 후계자로 세우셨을 때, 다윗은 하나님이 은혜가 충만하신 사랑의 하나님이심을 알게 되었습니다. 다윗은 이렇듯 자신이 죄인이며, 하나님이 공의와 사랑의 하나님이심을 깨닫고 무지로부터 빠져나오면서 비로소 하나님께 돌아오게 됩니다.

하나님과의 관계가 멀어졌습니까? 하나님께 돌아가고 싶은데 어디서부터 시작해야 할지 모르겠습니까? 열린 미래와 닫힌 미래 앞에서 기도하고 응답받으면서 다시금 하나님을 알아 가십시오. 그리고 나 자신에 대해 알아 가십시오. 그렇게 하나님과 나 자신에 대한 무지로부터 벗어날 때 우리는 하나님께 자연스럽게 돌아갈 수 있습니다. 그것이 바로 회개입니다.

회개의 근거, 하나님의 사랑

시편 51편은 다윗이 하나님께 돌아가는 길목에서 드린 회개 기도입니다. 이 기도는 다윗이 스스로 쥐어 짜낸 기도가 아니라, 다윗 자신의 죄보다 하나님의 사랑이 더 크다는 것을 깨닫고 그의 내면 깊숙한 곳으로부터 터져 나온 기도였습니다.

> 하나님이여, 주의 인자를 따라 내게 은혜를 베푸시며
> 주의 많은 긍휼을 따라 내 죄악을 지워 주소서. (시 51:1)

다윗의 기도를 바꿔 말하면 이렇습니다. "하나님, 저를 용서해 주십시오. 저의 죄악도 심각하지만, 하나님의 사랑은 그에 비할 바 아니군요. 놀라운 하나님의 사랑과 긍휼로 저를 용서해 주십시오." 다윗은 용서의 근거를 전적으로 하나님께 두고 있습니다.

목회 현장에서 장례식을 집례할 때마다 느끼는 것은, 우리 대부분 하나님 앞에서 인정받을 무언가가 별로 없다는 사실입니다. 뒤늦게 하나님을 믿게 되신 분들도 많지만, 일찍 믿었더라도 하나님과 교회를 위해 봉사하고 섬긴 이력이 별로 없는 분들도 적지 않습니다. 게다가 돌아가시기 전에는 병치레를 하느라 수개월간 예배를 드리지도 못합니다. 이쯤 되면 유가족들은 '부모님이 하나님을 제대로 믿으신 것도 아닌데 과연 천국에 가실 수 있을까?' 하는 의구심으로 얼굴에 그늘이 집니다.

그래서 저는 발인 예배 때 시편 23편 말씀을 자주 나눕니다. "내 영혼을 소생시키시고 자기 이름을 위하여 의의 길로 인도하시는도다"(시 23:3). 즉, 하나님이 우리를 천국으로 인도하시는 것은 우리에게 그럴 만한 선한 것이 있기 때문이 아니라, 오직 하나님 당신의 신실하심 때문이라는 말씀입니다. 그제서야 유가족들은 '아! 하나님의 선하심 때문에

우리 부모님이 천국에 가실 수 있는 것이로구나!' 하고 마음을 놓습니다.

다윗은 자신이 하나님께 용서받을 수 있는 것이 자신의 의가 아니라 오직 하나님의 사랑과 긍휼 때문임을 잘 알고 있었습니다. 여기서 우리가 기억해야 하는 것은 우리의 회개가 아니라 하나님의 용서에 소망이 있다는 사실입니다. 때때로 우리는 죄를 지어 놓고는 "회개하면 되지, 뭐! 회개하면 하나님이 용서해 주시잖아" 하고 생각합니다. 마치 자판기에 동전을 넣으면 물건이 나오듯, 회개하면 손쉽게 용서를 받아 낼 수 있는 것처럼 여깁니다. 하지만 절대 그렇지 않습니다.

탕자가 아버지께 돌아온 것이 대단합니까? 아니면, 돌아온 탕자를 받아 주신 아버지가 대단합니까? 아무리 탕자가 아버지께 돌아왔다 하더라도, 아버지가 받아 주지 않으면 아무 소용이 없었을 것입니다. 따라

> **핵심 내용**
>
> - 나 자신과 하나님께 대한 무지에 빠질 때 하나님을 떠나게 된다.
> - 기도하고 응답받으며 하나님과 나 자신을 알아갈 때 하나님께 돌아갈 수 있다.
> - 먼저 열린 미래를 향해 기도하고, 그 다음 닫힌 미래가 오면 받아들이라. 그러면 하나님이 또 다른 문을 열어 주실 것이다.
> - 우리의 회개가 아니라 하나님의 용서에 희망이 있다.

서 우리의 회개에 희망이 있는 것이 아니라, 하나님의 용서에 희망이 있는 것입니다.

　우리는 하나님의 뜻을 받아들이지 못하고 자신의 뜻을 주장하며 하나님을 멀리 떠나기도 합니다. 그 또한 허용하시는 하나님의 은혜가 놀랍지 않습니까? 그러나 성령께서 빛을 비추어 주실 때, 다시금 하나님을 바로 알고 나를 알아 하나님께 돌아가게 되는데, 그것이 바로 회개의 영적 여정입니다. 때론 하나님을 멀리 떠나더라도 다시 하나님께 돌아가 하나님과 교제하기를 바랍니다.

기도 살아가기 ⑭

기도 돌아보기

- 하나님께로부터 멀어졌을 때 다시 하나님께 돌아가기 위해 어떻게 해 왔는가?

- 나는 스스로의 회개에 소망을 두고 있는가? 아니면, 하나님의 용서에 희망을 두고 있는가?

영적 지도

- 나의 회개와 하나님의 용서를 나란히 머릿속에 떠올린 후 하나님의 용서에 집중해 묵상해 보라.

더 읽어 볼 책

- 유진 피터슨, 『다윗 : 현실에 뿌리박은 영성』(IVP)

15　하나님의 긍휼을 의지하다

다니엘의 기도

> 나의 하나님이여 귀를 기울여 들으시며
> 눈을 떠서 우리의 황폐한 상황과
> 주의 이름으로 일컫는 성을 보옵소서.
> 우리가 주 앞에 간구하옵는 것은
> 우리의 공의를 의지하여 하는 것이 아니요,
> 주의 큰 긍휼을 의지하여 함이니이다.
> 다니엘 9:18

구약의 중보 기도 번호 999

우리 나라 긴급 구조를 위한 전화번호는 119, 미국은 911, 그리고 영국은 999입니다. 그래서 영국의 구약학자 크리스토퍼 라이트(Christopher J. H. Wright)는 자신의 학생들에게 "구약 성경의 긴급 중보 기도 번호는 999다"라고 가르쳤습니다. 왜냐하면 다니엘 9장, 에스라 9장, 느헤미야 9장에 중요한 중보 기도가 담겨 있기 때문입니다.

다니엘 9장은 바벨론이 멸망하고 페르시아 왕국이 시작되었을 때를 배경으로 합니다. 그때 마침 다니엘은 예레미야서를 읽다가 예루살렘의 황폐함이 70년 만에 그칠 것이라는 말씀을 발견했습니다(참조. 렘 29:10). 예레미야는 70년간의 바벨론 포로 생활이 끝나면 바벨론은 징벌을 받고 이스라엘은 예루살렘으로 돌아가 성전을 짓게 될 것이라고 예언했습니다. 다니엘이 예레미야서를 읽고 생각해 보니, 다니엘 자신이 바벨론에 포로로 잡혀 온 때가 주전 606년경이었고, 바벨론이 멸망한 것은 주전 539년이니까 이스라엘 백성이 포로 생활을 마치고 돌아갈 때가 2, 3년 남은 셈이었습니다. 다니엘은 하나님이 이스라엘 백성에게 새 일을 행하실 것을 감지하고 다소 긴급하게 이스라엘 민족을 위해 중보 기도를 드렸습니다. 그가 드린 기도는 대부분 회개 기도였습니다.

다니엘 9:10-15을 요약하면, 이렇습니다. "우리 이스라엘이 하나님의 목소리를 듣지 않고, 하나님이 선지자들에게 부탁하신 율법을 듣지 않았습니다." 그러면 다니엘은 바벨론으로부터의 해방을 앞두고 왜 감사 기도가 아닌 회개 기도를 했을까요? 다니엘이 예레미야서를 가만히 읽어 보니 하나님이 이스라엘을 바벨론의 포로로 붙이신 것은 이스라엘의 죄 때문이었습니다. 그러면 바벨론에 포로로 잡혀 있는 동안 이스라엘은 어떻게 해야 했을까요? 회개하고 죄에서 돌이켜야 했습니다. 그런데 이스라엘은 해방을 앞둔 상황에서 전혀 회개하지도 않고, 죄에서 돌이키지도 않았습니다. 그래서 다니엘은 이스라엘 민족을 대신해 회개하며 중보 기도를 했던 것입니다.

중보적 회개 기도를 드려야 할 이유

디트리히 본회퍼는 자신의 저서 『신도의 공동생활』에서 '대도'라는 개념을 제시했습니다. 내가 누군가를 위해 기도하는 것이 중보 기도라면, 대도는 이보다 더 적극적인 개념으로, 내가 바로 그 사람이 되어 그를 대신해 기도하는 것입니다. 사실 다니엘은 거의 흠이 없는 사람이었습니다. 그럼에도 불구하고 자신이 마치 죄를 지은 이스라엘 백성인 양 민족과 자신을 동일시하고 대신 회개했습니다.

미국의 언론인이자 사회 비평가인 크리스 헤지스(Chris Hedges)는 다음과 같이 말했습니다. "우리는 의사들이 건강을 파괴하고, 법조인들이 정의를 파괴하며, 대학이 지식을 파괴하고, 정부가 자유를 파괴하고, 언론이 정보를 파괴하고, 종교가 도덕을 파괴하고, 은행이 경제를 파괴하는 그런 시대를 살고 있다."

우리 시대가 그러하다면, 그리스도인인 우리가 우리 사회의 여러 죄악에 대해 대신 회개하고 중보해야 하지 않을까요? 그때 비로소 하나님의 나라가 우리 사회에 임하지 않겠습니까? 우리 나라가 진정 희망찬 미래를 맞이하기 원한다면, 한국 교회가 앞장서서 우리 사회에 만연한 죄악에 대해 참회의 기도를 드려야 할 것입니다. 그래서 다니엘, 에스라, 느헤미야가 하나같이 민족의 죄악을 붙들고 하나님 앞에 회개하는 기도를 드린 것입니다.

그러면 다니엘은 어떻게 이렇게 시의적절하게 민족을 위해 대신 회개 기도를 할 수 있었을까요? 이는 그가 성경을 통해 하나님을 아는 지식을 얻었고, 성경 말씀에 비추어 이스라엘 민족의 상태를 진단했기 때문입니다.

> 내 하나님 여호와께 기도하며 자복하여 이르기를 "크시고 두려워할 주 하나님, 주를 사랑하고 주의 계명을 지키는 자를 위하여 언약을 지키시고 그에게 인자를 베푸시는 이시여." (단 9:4)

다니엘은 성경 말씀을 통해 하나님이 "크시고 두려워할" 공의로운 하나님이심을 알았습니다. 그와 동시에 이스라엘은 주의 계명을 지키지 못한 죄인들임을 인식했습니다.

> 우리는 이미 범죄하여 패역하며 행악하며 반역하여 주의 법도와 규례를 떠났사오며 우리가 또 주의 종 선지자들이 주의 이름으로 우리의 왕들과 우리의 고관과 조상들과 온 국민에게 말씀한 것을 듣지 아니하였나이다. (단 9:5-6)

책갈피

4장. 느헤미야의 기도에서는 하나님을 알고 나 자신을 알 때 비로소 무엇을 기도해야 하는지 알 수 있다는 점을 다뤘다(54쪽). 다니엘이 하나님을 알고 이스라엘 백성의 상태를 알았을 때 그에 합당한 중보 기도를 드릴 수 있었다는 내용과 비교해 보라.

성경 말씀을 통해 하나님을 알고 우리 자신을 알 때, 비로소 참된 기도를 드릴 수 있습니다. 만일 하나님도 모르고, 우리 자신도 모른다면 기도는 자꾸만 엇나가게 될 겁니다. 다니엘은 하나님을 잘 알고 이스라엘의 상태도 잘 알았기 때문에 그에 합당한 중보와 회개의 기도를 드릴 수 있었습니다.

하나님의 긍휼에 의지하는 기도

그다음 이어지는 다니엘의 기도를 보면, 그가 하나님을 사랑의 하나님으로 인식하고 있다는 것을 알 수 있습니다. 다니엘은 하나님에 대해 아주 균형 잡힌 이해를 갖고 있었습니다.

다니엘의 회개 기도와 중보 기도는 다분히 신명기적 사고를 반영합니다. 신명기적 사고란, 지금 내가 당하고 있는 고난이 나의 죄 때문이라고 생각하는 것입니다. 실제로 이스라엘이 바벨론에 포로로 붙잡혀 온 것은 하나님의 말씀을 듣지 않았기 때문이었습니다. 그러한 사고 방식으로는 회개하면 다 될 것 같지만 하나님의 나라는 인간의 회개만으로 완성되지 않습니다. 그래서 다니엘은 사랑의 하나님께 기도합니다.

> 나의 하나님이여 귀를 기울여 들으시며 눈을 떠서 우리의 황폐한 상황과 주의 이름으로 일컫는 성을 보옵소서. 우리가 주 앞에 간구하옵는 것은 우리의 공의를 의지하여 하는 것이 아니요, 주의 큰 긍휼을 의지하여 함이니이다. (단 9:18)

즉, "하나님, 우리가 잘못한 것 맞습니다. 그러니까 회개하면 될 것 아닙니까? 우리가 회개할 테니 용서해 주십시오"가 아니라 "우리의 회개하는 의가 아닌 우리를 용서하시는 하나님의 긍휼을 의지합니다"라고 고백한 것입니다. 그는 이스라엘의 자격 없음과 하나님의 큰 긍휼을 대비하면서 하나님의 은총을 부각시키는 기도를 드렸습니다.

내가 기도하고 회개했다고 의로워지는 게 아니라, 오직 하나님의 관대하심과 긍휼하심 때문에 의로워지는 것입니다. 다니엘은 지금 전적으로 하나님의 긍휼과 사랑에 의지해 기도하고 있습니다.

신명기적 사고에서 묵시문학적 사고로

그러자 9장 후반부에서 천사 가브리엘이 응답합니다. 가브리엘은 신명기적 사고가 아니라 묵시문학적인 사고에 입각해 응답합니다. 묵시문학적 사고란, 고통의 시기를 과거의 잘못에 대한 징벌이 아니라 하나님의 계획의 일부로 보는 사고입니다. 가브리엘은 다니엘에게 회개를 촉구하기보다는 현재 고통의 시간이 장차 올 영광을 위해 하나님이 준비하신 시간이니 희망을 잃지 말고 현재의 어려움을 극복하라고 격려합니다. 역시 신명기적 사고는 묵시문학적 사고로 완성되어야 합니다.

여러분 중에 신명기적 사고에 익숙한 분들은, 현재 내가 만난 어려움이 내가 과거에 저지른 잘못 때문이 아닐까 싶어 죄책감에 빠질 수 있습니다. 물론 실제로 잘못한 부분이 있다면 하나님 앞에 회개해야겠지요. 그러나 거기에 그치지 말고 하나님의 긍휼에 의지하면서 묵시문학적 사고까지 나아가야 합니다. 하나님은 우리가 회개할 때 용서해 주실 뿐만 아니라, 우리의 잘못과 고난을 사용하셔서 더 큰 선을 이루시기 때문입니다. 그래서 로마서 8:28에서는 이렇게 말씀합니다.

> 우리가 알거니와 하나님을 사랑하는자 곧 그의 뜻대로 부르심을 받은 자들에게는 모든 것이 합력하여 선을 이루느니라.

다니엘 9장에 기록된 다니엘의 기도에 대해 하나님은 고통의 시기란 장차 올 하나님의 영광을 준비하는 시간이니 하나님을 신뢰하고 현재를 굳건히 살아가라고 응답하십니다. 인생의 어려움이 찾아올 때 우리는 어두운 현실에 압도되곤 합니다. 그러나 우리는 우리 각자와 우리 나라, 그리고 한국 교회의 미래가 오직 하나님의 긍휼에 달려 있음을 믿을 수 있습니다.

하나님이 사랑하시는 개암 열매

14세기 영국 노르위치의 줄리안(Julian of Norwich)이라는 여성 신비가가 어느 날 하나님으로부터 계시를 받았습니다. 당시 유럽은 흑사병으로 인구 3분의 1이 사망한 데다가 영국과 프랑스의 백년 전쟁과 농업 혁명 등 여러 악재가 겹치면서 그야말로 칠흙 같은 암흑기에 있었습니다.

그러한 때에 하나님이 환상 가운데 찾아오셔서 자그마한 개암 열매만 한 동그란 물체 하나를 줄리안의 손에 올려 놓으셨습니다. '개암 열매만 한'이라는 표현은 우리 식으로 말해 '콩알만 한'이라는 뜻입니다. 줄리안이 이게 무엇일지 생각하고 있는데, 하나님의 음성이 들려왔습니다. "이것은 창조된 만물 전체니라." 그런데 그 콩알만 한 것이 너무나 작고 미약해 당장이라도 부서져 버릴 것처럼 보였습니다. 그럼에도 불구하고 계속 그 모양을 유지하고 있는 것을 신기하게 여기고 있을 때, 하나님의 음성이 다시 들려왔습니다. "그것이 지금껏 존속해 왔고 또 앞으로도 그러할 것은 내가 사랑하기 때문이다. 만물이 존속하는 것은 내가 그것들을 사랑하기 때문이다."

줄리안은 여기서 세 가지를 깨달았습니다. 첫째, 하나님이 만물을 만드셨다는 것, 둘째, 하나님이 만물을 사랑하신다는 것, 셋째, 하나님이

핵심 내용

- 다니엘은 성경 말씀을 통해 하나님을 알고 이스라엘 백성의 상태를 자각했기에 그에 합당한 중보적 회개 기도를 드릴 수 있었다.
- 하나님과의 관계 회복은 회개하는 우리의 의가 아니라 우리를 용서하시는 하나님의 긍휼에 달려 있다.
- 하나님 나라를 갈망하는 우리 그리스도인들은 다니엘처럼 우리 사회의 죄악에 대해 대신 회개하고 중보해야 한다.
- 현재 내가 겪는 어려움을 과거의 잘못에 대한 징벌로 여기는 신명기적 사고에서 벗어나, 하나님이 모든 일을 합력해 선을 이루신다는 묵시문학적 사고로 나아가야 한다.

만물을 돌보신다는 것이었습니다. 여러분, 하나님이 나를 만드셨습니다. 그리고 지금도 여전히 나를 사랑하십니다. 나를 만드시고, 사랑하시는 하나님이 지금 이 순간에도 나를 돌보고 계십니다.

다니엘서 전반부(1-6장)에는 기적이 많이 등장합니다. 다니엘의 세 친구들이 풀무불에 던져지고, 다니엘이 사자 굴에 던져졌지만 모두 살아 나왔습니다. 그러나 다니엘서 후반부(7-12장)에는 더 이상 기적이 나타나지 않습니다. 이는 기적이 아니라 하나님의 긍휼에 희망이 있음을 보여 줍니다.[31] 우리의 의나 기적이 아니라 하나님의 긍휼만이 진정한 소망의 근거입니다.

아무리 절망스러운 때라도 우리의 의나 요행이나 기적을 의지하기보다는 다니엘처럼 하나님의 긍휼만을 의지하며 기도하는 우리가 되길 바랍니다.

기도 살아가기 ⑮

기도 돌아보기
- 하나님과의 관계 회복이 하나님의 긍휼이 아닌 나의 회개에 달려 있다고 생각한다면 그 이유는 무엇인가?

영적 지도
- 내 삶에서 의지하던 것이 무엇인지 돌아보고, 그것을 하나님의 긍휼로 바꾸어 보라.

더 읽어 볼 책
- 디트리히 본회퍼, 『신도의 공동생활』(대한기독교서회).
- 노리치의 줄리안, 『하나님 사랑의 계시』(은성).

16 회개의 완성자이신 하나님

에스라의 기도

> 우리의 악한 행실과 큰 죄로 말미암아
> 이 모든 일을 당하였사오나
> 우리 하나님이 우리 죄악보다 형벌을 가볍게 하시고
> 이만큼 백성을 남겨주셨사오니
> 에스라 9:13

엎어 놓은 그릇, 깨진 독, 놓친 손

하나님과의 바른 관계는 세 가지 상징으로 묘사할 수 있습니다. 위를 향해 바로 놓인 그릇, 온전한 항아리, 그리고 하나님의 구원의 손을 붙잡은 손이 그것입니다. 그러면 하나님과의 손상된 관계는 어떤 모습일까요? 엎어진 그릇이자 밑이 깨진 항아리, 그리고 하나님의 구원의 손을 놓아 버린 손일 것입니다. 하나님은 우리와 관계를 맺기 원하시기 때문에 우리 영혼의 그릇이 엎어져 있을 때도 그 위로 넘치도록 부어 주시고, 우리가 밑 빠진 독과 같을 때도 밑으로 빠져 나가는 것보다 더 많이 부어 주시며, 우리가 하나님의 손을 놓칠 때도 우리를 꼭 붙들어 주십니다.

그러나 구약 성경을 보면 하나님은 거기에 만족하지 않으시고 이스라엘 백성으로 하여금 하나님과 바른 관계를 맺도록 회개를 촉구하셨습니다. "엎어진 그릇을 바로 놓아라. 그래야 내가 부어 주는 은혜를 담을 수 있을 것 아니냐?" "밑 빠진 독을 메워라. 그래야 넘치도록 채워 주지 않겠느냐?" "내가 너를 붙잡고 있듯이 너 또한 나를 붙잡아라." 이 같은 하나님의 안타까운 요청에 응답해 엎어진 그릇을 바로 놓고, 밑 빠진 독을 메우고, 놓아 버렸던 하나님을 다시금 꼭 붙드는 것이 바로 회개입니다.

죄책감과 부끄러움

이스라엘의 역사는 크게 세 부분으로 나눌 수 있습니다. 바벨론에 포로로 잡히기 전과 포로로 잡혀 있었을 때, 그리고 포로 생활에서 돌아온 이후입니다.

다니엘 시대가 이스라엘이 바벨론의 포로로 잡혀 있을 때였다면 에스라 시대는 바벨론 포로기 이후, 그러니까 이스라엘 백성이 예루살렘으로 귀환했을 때입니다. 그러면 에스라는 왜 회개 기도를 했을까요? 에스라가 보니 이스라엘 귀환 공동체가 또다시 바벨론의 포로로 끌려가기 전과 똑같은 죄를 짓고 있는 겁니다.

그렇다고 해서 하나님께 징계를 받아 또다시 바벨론에 포로로 잡혀

갔다올 수는 없는 노릇입니다. 그래서 에스라는 다음과 같이 회개 기도를 합니다.

> 나의 하나님이여, 내가 부끄럽고 낯이 뜨거워서 감히 나의 하나님을 향하여 얼굴을 들지 못하오니 이는 우리 죄악이 많아 정수리에 넘치고 우리 허물이 커서 하늘에 미침이니이다. (스 9:6)

에스라의 회개 기도가 어디서부터 시작하고 있습니까? 이스라엘 백성의 죄에 대한 부끄러움에서부터 시작하고 있습니다.

2016년에 개봉했던 이준익 감독의 영화 〈동주〉는 윤동주 시인의 일대기를 그린 작품입니다. 영화를 보다 보면 대학생 윤동주가 당시 문필가인 정지용 선생을 만나는 장면이 나옵니다. 그때 정지용 선생은 윤동주에게 일본 유학을 권했습니다. 그에 대해 윤동주는 "일제 치하에 이름도 일본식으로 바꾸고 일본으로 유학가는 것도 부끄럽습니다"라고 말합니다. 그러자 정지용 선생이 괴로운 듯 답했습니다. "부끄러움을 느끼는 것은 부끄러운 것이 아니라네. 부끄러움을 느끼지 못하는 것이 부끄러운 것이라네."

회개는 이전에 부끄럽지 않았던 죄를 부끄럽게 여기는 데서 시작됩니다. 부끄러움을 잘 이해하기 위해서는 죄책감과 부끄러움을 구별해야 합니다. 우선 죄책감은 사단이 주는 것입니다. 사단이 우리에게 죄책감을 주면 우리는 죄와 우리 자신을 동일시하게 됩니다. 그러나 더러운 오물이 내 몸에 묻는다고 해서 내가 곧 오물이 되는 것은 아닙니다. 씻어 내면 되는 거지요. 그러나 사단은 내가 곧 오물이 되었다고 여기게 합니다. 그 결과 죄책감에 빠지면 하나님이 나를 용서하지 않으실 거라는 착각 속에 하나님을 멀리하게 됩니다.

반면, 성령께서는 우리에게 죄책감이 아니라 부끄러움을 주십니다. 우리가 죄에 대해 부끄러움을 느끼게 되면, 그것이 나와 어울리지 않는다는 것을 알게 됩니다. 우리 몸에 오물이 묻으면 그것을 빨리 씻어 내고 싶지, 내가 곧 오물이라고 여기지는 않지요? 그래서 부끄러움은 죄를 우리에게서 분리시키고 하나님께 돌아가게 합니다

가룟 유다는 자신의 죄에 대해 죄책감에 빠졌기 때문에 자신을 죄와 동일시하며 예수님께 돌아가지 못한 반면, 시몬 베드로는 자신의 죄에 대해 부끄러움을 느꼈기 때문에 자신을 죄와 분리하고 예수님께 돌아갈 수 있었습니다.

에스라도 하나님 앞에서 이스라엘의 죄를 부끄러워 하지만 오히려 하나님께 더 나아가 죄에서 분리되고 있습니다. 만일 내가 어떤 죄에 대해 부끄러움을 느끼고 있다면 나는 회개할 수 있는 은총을 받은 것입니다. 신앙의 고전을 읽어 보면 영적인 대가일수록 죄에 대한 부끄러움을 자주 깊이 느끼는 것을 볼 수 있습니다. 우리 자신의 죄에 대해 부끄러움을 느끼도록 은총을 구하는 기도를 해 보는 것은 어떨까요?

회개는 나 자신부터

그런데 에스라 9장 본문을 자세히 보면 에스라의 회개 기도가 독특하게 전개되어 기도의 주어가 바뀌는 것을 볼 수 있습니다. 6절에 "나의 하나님이여!"로 시작하더니 9, 10, 13절에서는 "우리 하나님이여!"로 확장되고, 마지막 15절에서는 "이스라엘의 하나님 여호와여!"가 됩니다. 즉, 15절에서 "이스라엘의 하나님이여!" 하고 국가적인 중보를 하기 이전에 9, 10, 13절에서 "우리 하나님이여!" 하고 공동체적인 중보 기도를 하고, 그 이전에 6절에서는 "나의 하나님이여!" 하고 개인적인 기도를 한 것입니다. 이것이 바로 기도의 동심원 구조입니다. 에스라는 이스라엘 백성의 죄를 자신의 죄로 여기고 기도하기 전에 먼저 하나님 앞에서 자신의 죄를 회개하고 있습니다.

우리가 누군가를 위해 중보 기도를 하기 위해서는 먼저 나부터 하나님과 긴밀한 관계를 맺고 있어야 합니다. 비행기가 이륙하기 전 승무원들이 안전 수칙을 설명할 때 비상시에 산소 마스크를 반드시 나부터 착용하도록 안내합니다. 그래야 나도 살고, 다른 사람도 도울 수 있기 때문입니다.

죄는 드러날 때 힘을 잃는다

우리는 대개 나 자신의 죄보다는 다른 사람들의 죄에 대해 많은 관심을 갖는 경향이 있습니다. 소위 뒷담화라는 것이 무엇입니까? 삼삼오오 모여서 다른 사람의 잘못에 대해 이야기하면서 그 사람을 아예 몹쓸 사람으로 만들어 버리는 것 아닙니까? 그러나 뒷담화를 즐겨하는 사람일수록 자기 자신의 죄에 대한 인식은 무딜 가능성이 높습니다. 나와의 관계에서 하나님은 다른 사람의 죄에 대해서는 관심이 없으시고 나의 죄에 대해 관심이 있으십니다.

리처드 포스터(Richard J. Forster)의 『영적 훈련과 성장』 10장. '고백의 훈련'을 보면 초대 교회 공동체에서는 형제 자매들이 모여서 다른 사람의 잘못을 나눈 게 아니라 서로 자신의 죄를 고백했다는 것을 알 수 있습니다. 한번은 포스터 목사님이 자신의 죄를 종이에 적어 한 형제를 찾아가 고백하기 위해 자신의 죄의 내용을 보여 주었답니다. 다시 그 종이를 가지고 나오려고 하는 순간 그 사려 깊은 형제는 포스터 목사님의 손을 부드럽게 잡더니, 그 종이를 여러 번 찢고 또 찢어서 쓰레기통에 버리더랍니다. 그때 심정을 포스터 목사님은 다음과 같이 기록합니다. "그 순간 나의 죄는 동이 서에서 먼 것같이 멀리 사라졌다."[32] 이처럼 죄는 덮어 두면 힘을 발휘하지만 고백하고 드러내면 힘을 잃습니다.

여호수아서에서 이스라엘 백성은 가나안 땅을 점령하고 정착할 때 그 땅에서 가나안 사람들을 내쫓아야 했습니다. 그러나 므낫세 지파 자손들이 가나안 주민들을 쫓아내지 못하자, 가나안 족속들은 "아, 이 사람들이 우리를 끝까지 쫓아낼 의지가 없구나. 그럼 여기서 같이 살아도 되겠네" 하더니 결심하고 그 땅에 거주했습니다. 마찬가지로 우리가 우리 안에 거하는 죄를 끝까지 내쫓지 않으면, 그 죄들은 "아, 이 사람 안에서는 계속 거해도 되겠구만" 하고 뱀이 똬리를 틀듯 우리 안에서 결심하고 거하게 됩니다.

> 그러나 므낫세 자손이 그 성읍들의 주민을 쫓아내지 못하매 가나안 족속이 결심하고 그 땅에 거주하였더니. (수 17:12)

내가 끝까지 내쫓지 않아서 내 안에 결심하고 거하는 죄가 있다면 어떤 죄일까요? 우리가 죄를 짓는 즉시 하나님 앞에 나와 속죄함을 받으며 살아야 하는 이유는 그때 그때 죄를 고백하고 죄가 우리 안에서 힘을 잃게 하지 않으면, 우리가 죄의 지배 아래 살면서 자유를 잃어버리게 되기 때문입니다.

에스라는 자신의 죄를 고백하고, 공동체의 죄를 고백하고, 국가적인 죄를 고백하면서 이스라엘이 점점 죄의 지배로부터 벗어나 자유함으로 나아가게 했습니다.

죄 용서의 주도권

그런데 에스라 9장의 기도를 자세히 들여다보면 죄의 고백이 있을 뿐, 용서해 달라는 간구는 없습니다. 왜일까?

사무엘하 12장에서 다윗이 밧세바를 간음한 일에 대해 나단 선지자가 다윗을 정죄했을 때, 다윗은 그저 "내가 여호와께 죄를 범하였노라"(삼하 12:13)라고 하면서 사실을 인정했을 뿐입니다. 마찬가지로 에스라도 "하나님께 우리 이스라엘이 죄를 범했습니다" 하고 고백할 뿐입니다. 왜냐하면 회개의 완성인 죄 용서는 하나님의 영역이기 때문입니다.

　에스라가 하나님께 죄를 고백하되 용서해 달라는 간구를 하지 않은 두 번째 이유는 그가 '용서 메커니즘'에서 벗어나 있기 때문입니다. 용서 메커니즘이란 무엇입니까? 아무리 죄를 짓는다 하더라도, 회개하면 하나님이 용서해 주시리라 믿는 것입니다. 일면 맞는 이야기입니다. 그러나 죄 용서란, 자동판매기에 회개라는 동전을 넣으면 자동적으로 나오는 상품 같은 것이 결코 아닙니다. 엄밀하게 말해 죄 용서는 우리가 회개했기 때문에 당연히 하나님이 주실 수밖에 없는 인과적 결과가 아니라, 하나님의 주권적인 자유로 우리에게 주시는 은총입니다. 다만 회개는 하나님의 용서를 받아들이는 바른 자세이자 태도일 뿐입니다. 에스라는 그것을 간파하고 하나님 앞에 죄를 고백할 뿐, 하나님이 주시는 죄 용서의 주도권은 하나님께 맡기고 있습니다.

회개의 완성자이신 하나님

우리는 살면서 하나님을 기쁘시게 할 때보다 하나님의 마음을 아프시게 할 때가 더 많습니다. 아마도 우리는 앞으로도 계속 죄를 짓게 될 겁니다. 그래서 이런 말이 있지요. "예수님을 믿는 그리스도인들은 죄를 회개하지 않아도 되게 된 것이 아니라, 계속 죄를 회개할 수 있게 된 것이다. 씻지 않아도 되게 된 것이 아니라, 계속 씻을 수 있게 된 것이다."

　C. S. 루이스도 다음과 같이 말했습니다. "그리스도인이란, 절대 잘못을 저지르지 않는 사람이 아니라, 넘어질 때마다 회개하고 다시 일어나

새롭게 시작할 수 있는 사람이라는 뜻이다."[33]

이스라엘 백성이 죄를 짓고 하나님 앞에 회개하고 용서받는 것을 반복하고 또 반복하면서 실제로 어떤 마음을 갖게 되었을까요? 오늘 본문의 에스라는 속옷과 겉옷을 모두 찢고 머리털과 수염을 뜯으며 망연자실했습니다. 우리는 어떻습니까? 용서해 주시고 또 용서해 주시고 거듭 용서해 주시는 하나님 앞에 또 회개하면 되지 않을까 하는 구태의연한 마음이 듭니까? 아니면 죄를 짓고 회개하고 용서받는 것을 반복하는 것이 고통스럽고 죄송한 마음이 듭니까?

2019년도에 개봉했던 〈두 교황〉이라는 영화가 있습니다. 실화를 바탕으로 한 이 영화에서 가톨릭 최고 지도자들이 고뇌하는 모습에 많은 사람이 감동을 받았습니다. 얼마 전 선종한 프란치스코 교황이 추기경이었을 때, 추기경직을 사임하기 위해 교황을 찾아갔습니다. 그런데 공교롭게도 당시 교황이었던 베네딕토 16세인 조제프 라칭거(Joseph Ratzinger) 역시 교황직을 사임하려고 마음먹고 있었습니다. 왜냐하면 두 사람 다 평생 마음에 죄책감을 품고 있었기 때문입니다. 라칭거는 자기 아래 있던 젊은 신부가 소년들을 성추행하고 다닌 것을 묵인해 주었던 일에 대한 죄책감을 갖고 있었고, 프란치스코는 아르헨티나 독재 정권으로부터 후배 신부들을 보호하지 못하고 본의 아니게 궁지에 몰아 넣었던 일에 대한 죄책감을 갖고 있었습니다.

최고 종교 지도자들이면서도 자신의 죄에 눌려 자포자기하려는 순간, 두 사람은 피자를 먹다 말고 돌연 서로 죄를 고백한 다음, 예수 그리스도의 이름으로 죄사함을 선포합니다. 그리고 교회 개혁은 자신들의 연약함에도 불구하고 계속되어야 한다는 점에 수긍하며 자신들의 죄악보다 주님의 용서를 더 크게 받아들입니다. 즉, 우리 회개의 완성자는 우리가 아니라 예수 그리스도라는 말씀입니다.

어쩌면 우리는 주 예수님께 용서받으며 살아왔지만, 서로 용서하는 일에는 그다지 성공하지 못한 것 같습니다. 그러나 우리 영혼의 그릇을 올바르게 놓고 깨진 독을 메우고 우리를 붙잡고 계시는 하나님의 구원의 손을 붙잡으며 하나님께 돌아가는 회개조차 우리가 완성하는 것이 아니요, 예수 그리스도께서 완성하시는 것임을 신뢰하며, 에스라처럼 다만 우리의 죄를 고백하고 하나님의 용서의 주도권에 모든 것을 내어 맡기는 것이 우리의 최선일 것입니다. 그래서 에스라는 우리와 하나님

> **핵심 내용**
>
> - 죄책감은 죄와 우리 자신을 동일시하는 것이지만 부끄러움은 죄와 우리 자신이 어울리지 않음을 자각하고 분리하고자 하는 열망이다.
> - 하나님은 남의 죄가 아닌 나의 죄에 관심 있으시다.
> - 에스라는 자신의 죄를 고백하고, 공동체의 죄를 고백하고, 국가적인 죄를 고백하면서 이스라엘이 죄의 지배로부터 벗어나 자유함으로 나아가게 했다.
> - 죄는 고백하고 드러낼 때 힘을 잃는다.
> - 죄사함은 회개했기 때문에 당연히 받을 수 있는 것이 아니라, 하나님의 주권적인 은혜로 주시는 은총이다.

과의 관계를 회복시키는 회개의 완성자가 하나님이심을 고백합니다.

　무엇으로 내 삶을 완성하려 하십니까? 나 스스로 내 삶을 완성해 보려 하기 때문에 그토록 문제가 많은 것은 아닐까요? 우리는 예수 그리스도 없이는 완전하게 될 수 없습니다. 그것이 바로 에스라의 기도입니다. 내가 죄를 지었습니다. 그러나 회개도 나의 힘으로 할 수 없습니다. 하나님이 완성해 주십시오. 나의 믿음은 하나님이 완성해 주셔야 합니다. 나의 소망은 하나님이 완성해 주셔야 합니다. 나의 사랑은 하나님이 완성해 주셔야 합니다. 나의 삶은 하나님이 완성해 주셔야 합니다. 오직 하나님으로 인해 완성되는 우리 모두의 삶이 되길 바랍니다.

기도 살아가기 ⑯

기도 돌아보기

- 자신의 잘못에 대해 죄책감을 느끼는가? 아니면, 부끄러움을 느끼는가? 그 결과는 무엇인가?

- 내가 끝까지 내쫓지 않아서 내 안에 결심하고 거하는 죄가 있다면 무엇인가?

영적 지도

- 나의 죄를 덮어 두지 말고 직면해 충분히 부끄러워해 보라.

- 구원받은 자로서 죄와 나를 분리하고 싶은 열망을 키워 보라.

더 읽어 볼 책

- 리처드 포스터, 『영적 훈련과 성장』(생명의말씀사)

17 | 더 큰 갈망을 구하는 기도

느헤미야의 기도(2)

> 우리가 당한 모든 일에
> 주는 공의로우시니
> 우리는 악을 행하였사오나
> 주께서는 진실하게 행하셨음이니이다.
> 느헤미야 9:33

기도 응답 후 밀려 오는 공허함의 이유

하나님께 기도한 후 그토록 원했던 응답을 받아 본 적이 있습니까? 그때 어땠나요? 이상하게도 시간이 지날수록 왠지 모를 허전함이 찾아오지 않던가요? 왜 그럴까요? 우리의 영혼은 단지 우리의 필요가 채워지는 것 정도로 충만해질 수 없기 때문입니다.

기도할 때 우리는 하나님을 응답받는 것보다는 우리가 원하는 응답을 받는 것에 초점을 맞추곤 합니다. 그러다 하나님 자체를 응답받는 것을 놓칠 때 우리는 공허함을 느끼게 됩니다.

자아 인식의 기도

느헤미야 8장에서 유다 공동체는 하나님의 도우심과 느헤미야의 뛰어난 리더십으로 단 52일 만에 예루살렘 성벽을 재건하는 데 성공합니다. 그런데 그토록 원하던 성벽 재건에 성공했음에도 불구하고 그들은 새로운 공허함에 직면합니다. 사실 하나님은 예루살렘 성벽 재건만 도우신 게 아니라 그 과정에서 하나님 자신을 응답해 주셨습니다. 그런데 그들은 성벽 재건을 도와주신 하나님을 잊어버리고 완성된 성벽만 바라보았고, 그러다 불현듯 허무함이 몰려오기 시작한 것입니다.

그래서 그들이 어떻게 합니까? 유다 공동체는 학사 에스라를 세워 그에게서 하나님의 말씀을 들었습니다. 우리가 우리의 영혼에 꼭 필요한 기도를 하기 위해서는 하나님 말씀의 도움을 받아야 합니다. 그러면 하나님의 말씀은 우리를 어떻게 도와주실까요? 하나님의 말씀은 마치 거울과 같아서 우리 자신의 모습을 비추어 보여 줍니다.

다니엘과 에스라가 하나님의 말씀을 읽다가 이스라엘 백성의 죄를 깨달았던 것처럼 느헤미야와 유다 공동체도 하나님의 말씀을 듣다가 자신들의 죄를 깨닫고 통곡하며 회개 기도를 했습니다. 하나님의 말씀 앞에 설 때, 우리도 비로소 우리 영혼의 상태를 알아차리게 되는데, 이것을 '자아 인식'이라고 합니다.

우리의 영혼에 꼭 필요한 기도는 우리 영혼의 상태를 하나님께 아뢰는 것입니다. 다니엘, 에스라, 느헤미야는 모두 말씀에 비추어 이스라엘의 상태를 인식하고 중보 기도를 드렸습니다. 우리는 우리 영혼의 상태는 쏙 빼놓고 다른 필요나 문제 해결을 구할 때가 많지만 하나님은 우리 영혼의 상태에 관심이 많으십니다.

느헤미야서를 보면 느헤미야의 개혁은 총 다섯 단계로 이뤄졌습니다. 첫째, 하나님의 말씀을 듣고, 둘째, 회개하고, 셋째, 우리를 용서하신 하나님을 기뻐하고, 넷째, 하나님께 순종하고, 다섯째, 감사한 것입니다.

그런데 개혁의 결과 하나님을 기뻐하고, 하나님께 순종하고, 감사하기 위해 반드시 통과해야 하는 부분이 첫째, 하나님 말씀에 비추어 자신의 죄인 됨을 깨닫고, 둘째, 죄에서 돌이켜 회개하는 것입니다.

더 큰 갈망을 갖는 법

기독교 영성 훈련 중에 '은총의 역사 경험하기' 라는 방법이 있습니다.[34] 영성 지도자들은 피지도자들에게 다음과 같은 두 가지 지침을 줍니다. 하나는, 지나온 세월을 돌아보면서 유소년 시절, 청소년 시절, 청년 시절, 장년 시절, 그리고 지금에 이르기까지 자신이 행한 긍정적인 일들과 부정적인 일들을 생각하게 합니다. 이제껏 살아오면서 잘한 것과 잘못한 것을 자세히 생각하다 보면, 대개 잘한 일보다는 잘못한 일을 더 많이 발견하게 됩니다. 이때 주의할 것은 절대 스스로를 정죄하지 않으면서 그저 자신의 있는 그대로의 모습을 바라보는 것입니다.

또 다른 하나는, 지금까지 하나님이 나와 어떻게 함께하셨는지를 찬찬히 돌아보게 합니다. 이제껏 살아오면서 하나님이 나에게 어떤 은혜를 주셨는지, 나의 잘못을 얼마나 오래 참아 주셨는지, 그리고 또 어떻게 용서해 주셨는지를 떠올리면서 하나님의 눈으로 나 자신을 보고, 또 하나님을 보게 합니다. 그러면 가슴 깊은 곳으로부터 진정한 참회가 시작되는 것을 경험하게 됩니다. 바로 느헤미야 9장이 이러한 방식으로 말씀합니다. 본문은 이스라엘의 죄악의 역사와 하나님의 은총의 역사를 교차적으로 대비시켜 보여 줍니다.

이스라엘의 죄악	대비	하나님의 은총의 역사
"그들과 우리 조상들이 교만하고 목을 굳게 하여 주의 명령을 듣지 아니하고 거역하며 주께서 그들 가운데에서 행하신 기사를 기억하지 아니하고 목을 굳게 하며 패역하여 스스로 한 우두머리를 세우고 종 되었던 땅으로 돌아가고자 하였나이다"(16-17절).	⇔	"그러나 주께서는 용서하시는 하나님이시라. 은혜로우시며 긍휼히 여기시며 더디 노하시며 인자가 풍부하시므로 그들을 버리지 아니하셨나이다"(17b절).
"또 그들이 자기들을 위하여 송아지를 부어 만들고 이르기를 이는 곧 너희를 인도하여 애굽에서 나오게 한 신이라 하여 하나님을 크게 모독하였사오나"(18절).	⇔	"주께서 그들의 자손을 하늘의 별 같이 많게 하시고 전에 그들의 열조에게 들어가서 차지하라고 말씀하신 땅으로 인도하여 이르게 하셨으므로"(23절).
"그들이 견고한 성읍들과 기름진 땅을 점령하고 모든 아름다운 물건이 가득한 집과 판 우물과 포도원과 감람원과 허다한 과목을 차지하여 배불리 먹어 살찌고 주의 큰 복을 즐겼사오나 그들은 순종하지 아니하고 주를 거역하며 주의 율법을 등지고 주께로 돌아오기를 권면하는 선지자들을 죽여 주를 심히 모독하였나이다"(25-26절).	⇔	"그러므로 주께서 그들을 대적의 손에 넘기사 그들이 곤고를 당하게 하시매"(27절).

이처럼 느헤미야 9장은 귀환한 유다 공동체를 정죄만 하고 있지 않습니다. 하나님께 배은망덕했던 이스라엘의 모습을 보여 주는 동시에 하나님의 오래 참으심, 용서하심, 그리고 신실하심을 대비해 보여 줄 뿐입니다.

이때 이스라엘은 어떤 마음이 들었을까요? 자신들의 배은망덕한 모습과 하나님의 신실하심을 번갈아 볼수록 가슴속에 어떤 마음을 품게 되었을까요? 하나는 자기 자신의 죄에 대한 통곡이요, 또 다른 하나는 하나님의 신실하심에 대한 감사와 기쁨일 것입니다.

우리는 대개 회개란 죄인인 우리 자신을 정죄하는 것이라고 생각합니다. 그러나 느헤미야 9장이 말씀하는 회개란, 우리를 정죄하는 것이 아닙니다. 그저 하나님이 보시는 것처럼 자신을 보는 것입니다.

죄인 된 우리의 모습과 그럼에도 불구하고 우리를 한결같이 용서하시고 기다리시는 하나님의 모습을 번갈아 볼 때 우리의 내면에는 죄인 된 모습을 버리고 싶은 열망(desire)이 꿈틀꿈틀 자라나게 됩니다. 동시에 하나님을 기쁘시게 하고 싶은 열망이 생겨나지요. 이 두 가지 열망이 우리 안에 공존하며 갈등할 때, 우리의 영혼이 깨끗해지기 시작하는데, 그것을 영성학 용어로 '정화'라고 합니다. 다른 말로 하면 더 큰 갈망을 갖는 것입니다.

우리의 영혼에 꼭 필요한 기도는 우리가 하나님께 원하는 자잘한 갈망보다 하나님이 우리에게 원하시는 더 큰 갈망을 구하는 것입니다. 하나님은 말씀하십니다. "너희는 사소한 바람이 이루어지는 것으로 참 만족을 누리며 살 수 없단다. 너희는 그보다 큰 존재들이란다. 그러니 나와 더욱 깊이 사귀며 살자." 우리 주님은 주님이 원하시는 사귐을 우리가 원하게 하십니다. 그것이 바로 더 큰 갈망입니다.

더 큰 갈망의 승리

유명한 스페인 영화감독인 페드로 알모도바르(Pedro Almodovar)의 자전적인 내용을 다룬 영화 〈페인 앤 글로리〉(pain and glory)가 있습니다. 그 영화의 주인공인 살바도르 감독은 자신과 사이가 좋지 않았던 배우 알베르토와 재회한 후 그가 너무나 출연하고 싶어 하는 영화 대본을 건네 줍니다. 대본을 손에 쥐는 순간 알베르토는 자신이 소지하고 있던 마약 헤로인을 스스럼 없이 쓰레기통에 내던져 버리며 이렇게 말합니다. "내가 정말 연기하고 싶은 대본을 앞에 두고는 최대한 맑은 정신으로 있어야 해." 그는 지금껏 헤로인을 피워 왔지만 자신이 마약보다 영화를 더 사랑한다는 것을 분명히 합니다. 저는 영화를 보면서 문득 이런 생각이 들었습니다. '더 좋아하는 것이 덜 좋아하는 것을 이긴다.' 결

> 책갈피
>
> - 다니엘은 오직 하나님의 긍휼만이 우리의 희망이라고 기도했고(15장), 에스라는 우리 회개의 완성자는 하나님이라고 기도했다(16장). 느헤미야는 이스라엘의 죄인 됨보다 하나님의 은총이 더 크심을 인정했다.

국 큰 갈망이 작은 갈망에 승리를 거두는 것입니다.

　이스라엘 백성이 죄를 짓고 하나님 앞에 회개하고 돌아서서 또 죄를 짓고 다시 하나님 앞에 회개하는 과정을 반복하면서 어떤 마음을 갖게 되었을까요? 죄가 더 좋아졌을까요? 아니면, 죄를 용서해 주시는 하나님이 더 좋아졌을까요? 더욱 죄책감에 빠졌을까요? 아니면, 하나님을 향한 감사의 마음이 더욱 자라게 되었을까요?

　이스라엘 백성은 처음에는 하나님보다 죄를 더 좋아했을 겁니다. 그러나 한결 같은 용서를 베풀어 주시는 은총의 역사를 깨달을수록 죄보다 죄를 용서해 주시는 하나님을 더욱 사랑하게 되지 않았을까요? 이러한 상태에 다다른 모습을 영성학 용어로 '조명'이라고 합니다. 마치 빛이 내게 비추이는 것처럼 깨달음이 임하는 것입니다. 우리의 영혼에 꼭 필요한 기도는 이전에 알지 못했던 하나님의 은총을 깨닫게 하시는 조명의 은총을 구하는 것입니다.

우리 영혼에 꼭 필요한 기도

그런데 한편 이스라엘 백성이 죄를 짓는 것과 죄를 용서받는 것을 반복해 경험하면서 스스로를 포기하고 싶은 생각도 들지 않았을까요? 베드로처럼 "주여, 나를 떠나소서. 나는 죄인이로소이다. 주님, 이제 그만 저를 포기해 주세요" 하고 싶지 않았을까요?

　저는 학교에서 학생들이 받는 상 중에 우등상보다는 개근상이 더 중요한 상이라고 생각합니다. 왜냐하면 우등상이야 본인이 좋아하는 공부를 잘해서 받는 상이지만, 개근상은 비록 공부를 잘하지는 못하더라도 매일 성실히 자리를 지켜서 받는 상이기 때문입니다. 우등상이 칭찬을 들으며 받는 상이라면, 개근상은 어떤 면에서는 꾸중 들으며 받는 상 아닐까요? 학생이란 공부를 잘해서 학생이기보다는 잘하건 못하건 계속 배우기 때문에 학생인 것 아니겠습니까?

우리가 하나님의 말씀대로 잘 살아서 그리스도인이 된 것입니까? 하나님의 말씀대로 잘 살 때도 있고, 잘못 살 때도 있습니다. 아니, 솔직히 잘못 살 때가 더 많지 않습니까? 그럼에도 불구하고 우리를 향하신 하나님의 마음은 "너는 말씀대로 살지 못했으니 내 자녀가 아니다"가 아닙니다. "너는 어찌 됐건 나의 자녀로 살거라. 나는 너를 포기할 수 없다." 거기에 '아멘' 하기에 우리는 그리스도인인 것입니다. 따라서 하나님이 나를 포기하지 않으셨는데, 나 스스로 자포자기하고 있다면 하나님이 원하시지 않는 길을 가고 있는 것은 아닐까요?

우리의 영혼에 꼭 필요한 기도는 나를 향하신 하나님의 마음을 나의 마음으로 삼으며 하나님과 하나 되는 것입니다. 이를 위해 무엇보다 먼저, 지난 날 나의 죄로 인한 실수와 잘못을 돌아보십시오. 이때 주의할 점은 스스로 정죄하지 말고 나의 부족한 모습 그대로를 가만히 응시하는 것입니다. 다음으로, 하나님의 용서와 용납과 은혜와 사랑을 하나하나 돌아보십시오. 이 두 가지를 한 다음 마음 깊은 곳에서 올라오는 참회와 감사를 하나님께 드리는 것이 회개이며, 하나님의 말씀을 행동으로 옮기는 것이 순종입니다.

느헤미야는 유다 백성과 더불어 은총의 역사 앞에 서서 자신들의 죄인 됨을 인식하는 동시에 그보다 더 크신 하나님의 은총을 인정합니다. 자신들의 죄를 통곡하며 아파하지만 거기에 머무르지 않고 하나님의 용서와 사랑을 더욱 기뻐하며 회개와 순종으로 언약을 갱신하는 자리까지 나아갑니다. 이것이 느헤미야가 우리에게 가르쳐 준 회개의 기도입니다.

> **핵심 내용**
>
> - 기도 응답을 받았음에도 불구하고 공허함을 맛보는 이유는 하나님을 응답받는 부분을 놓쳤기 때문이다.
> - 우리의 영혼에 꼭 필요한 기도는 우리가 하나님에게 원하는 사소한 바람보다 하나님이 우리에게 원하시는 더 큰 갈망을 구하는 것이다.
> - 더 큰 갈망을 얻는 방법은 내 죄와 하나님의 은혜를 번갈아 보면서, 죄는 버리고 하나님이 원하시는 모습이 되고 싶어 하는 것이다.

기도 살아가기 ⑰

기도 돌아보기

- 죄를 지을 때마다 하나님 앞에 나와 회개하기를 반복하는 동안 죄가 더 좋아졌는가? 아니면 죄를 용서해 주시는 하나님이 더 좋아졌는가?

영적 지도

- 이제껏 살아온 인생을 돌아보며 하나님께 배은망덕했던 나의 모습과 하나님의 신실하심을 번갈아 묵상해 보라. 나의 죄에 대한 애통함보다 하나님의 신실하심에 대한 감사와 기쁨을 더 깊이 느껴 보라.

더 읽어 볼 책

- 엘리자베스 리버트, 『영적 분별의 길』(좋은씨앗).

5부

기도의 성숙
-분별, 중보, 찬양, 거듭남-

성숙한 영혼은
하나님의 뜻이 나의 뜻을 이기게 하고
하나님의 사랑으로 이웃을 사랑하며
하나님이 주시는 것보다 하나님 자체를 원합니다.
말씀에 순종하는 것을 넘어
하나님을 높이고 찬양하는 데 이릅니다.

성숙이란 우리의 능력을 극대화하는 것이 아니라
하나님이 우리 영혼의 중심을 차지하시게 하는 것입니다.

18 하나님의 뜻을 껴안다

하박국의 기도

> 내가 파수하는 곳에 서며 성루에 서리라.
> 그가 내게 무엇이라 말씀하실는지
> 기다리고 바라보며
> 나의 질문에 어떻게 대답하실는지 보리라.
> 하박국 2:1

하나님의 뜻을 껴안으려면

기도가 무엇이라고 생각하느냐는 질문에 상당수의 성도님들은 "하나님과의 대화"라고 대답합니다. 선지자 하박국이야말로 하나님과 대화하듯 기도한 인물입니다. 하박국의 뜻은 '껴안는 자'입니다. 하박국은 하나님께 질문하고 기도하고 기다리던 끝에 결국 하나님의 뜻을 껴안았습니다.

기도를 시작하자마자 "주님의 뜻대로 되기를 원합니다"라고 기도하는 것은 어떤 면에서 시기상조라 할 수 있습니다. 왜냐하면 하나님의 뜻이 나의 뜻이 되는 시간을 충분히 갖지 못할 경우 막상 주님의 뜻대로 되었을 때 받아들이기 어렵기 때문입니다. 우리는 하박국처럼 하나님께 질문하고 대화하는 과정을 거친 후에야 비로소 하나님의 뜻을 끌어안을 수 있습니다.

기도와 영 분별

분석심리학에서는 기도를 '생각의 연속'이라고 정의합니다. 왜냐하면, 기도란 나의 생각과 하나님의 생각을 주고 받는 것이기 때문입니다. 이것을 잘 표현해 주는 작자 미상의 시 한 편을 소개하겠습니다.

주님, 그들은 말합니다.
제가 당신과 대화를 나누는 듯 보일 때
들리는 건 한 목소리니 모두 꿈일 뿐이라고
한 사람이 둘인 척 흉내 내는 것일 뿐이라고

분명 그럴 때도 있지만
그들이 생각하는 것과는 다릅니다.
제 안에서 하고 싶은 말을 다 뒤졌지만
보십시오, 제 우물은 말랐습니다.

그때, 제 우물이 빈 것을 보신 당신께서
듣는 역할을 그만 두시고
어눌한 제 입술을 통해
제가 전혀 몰랐던 생각을
속삭이시고 표현하셨습니다.

그러므로 당신께는 대답이 필요하지 않고
필요할 수도 없습니다.
우리 둘이서 대화를 나눈 듯해도
당신께서 영원히 홀로 말씀하십니다.
꿈꾸는 것은 제가 아니라 당신이십니다.[35]

  우리는 기도 중에 하나님의 음성, 사단의 음성, 그리고 나 자신의 음성을 경험할 수 있습니다. 때때로 악한 영들의 유혹이나 우리 자신의 욕망을 하나님의 음성으로 착각하기도 하지요. 그래서 영 분별이 필요합니다. 하나님의 음성이 아닌 것을 하나님의 음성으로 착각하는 한이 있더라도 계속해서 기도하며 주님과의 대화를 시도하다 보면 어느 순간 나의 말과 생각 사이로 비집고 들어오시는 하나님의 음성이 문득문득 들려올 때가 있습니다.
  사람들은 하나님의 음성이 하늘에서 뚝 떨어지는 것처럼 생각하는 경향이 있습니다. 그러나 우리가 음식을 먹을 때 음식이 위장으로 순간이동하는 것이 아니라 입에서 씹고 넘기면 식도를 타고 위장에 도달하듯, 하나님의 음성은 우리의 생각과 감정, 그리고 감각 기관을 통해 전인격적으로 우리에게 스며들어 옵니다. 그래서 시인이 이렇게 표현한 것입니다. "어눌한 제 입술을 통해 제가 전혀 몰랐던 생각을 속삭이시고 표현하셨습니다."

그러면 하나님의 음성은 어떻게 분별할 수 있을까요?

첫째, 하나님의 음성은 성경의 내용과 일치합니다. 그래서 어떤 영적 체험이 하나님께로부터 온 것인지 아닌지 분별하려면 우선 성경을 알아야 합니다. 만일 내가 들은 하나님의 음성이 성경 인물들이 체험한 하나님과 조화를 이루지 않는다면, 그것은 하나님께로부터 온 것이 아닐 가능성이 높습니다.

영국의 어느 화폐 연구 기관에는 가짜 돈은 하나도 없고, 진짜 돈만 있다고 합니다. 그 기관 연구원들은 위조지폐가 나타나면 금세 식별해 낼 수 있는데, 그 이유는 언제나 진짜 돈만을 연구하기 때문입니다. 마찬가지로 우리도 성경을 통해 하나님의 속성을 많이 알면 알수록 어떤 음성이 들려왔을 때 그것이 하나님께로부터 온 것인지 아닌지 분별할 수 있습니다.

둘째, 하나님의 음성에는 우리의 믿음을 오랜 시간 지탱하는 힘이 있습니다. 사도행전 5장에서 사도들이 복음을 전할 때 대제사장들과 사두개인들이 이를 저지하려 하자 율법 교사 가말리엘은 다음과 같이 분별했습니다.

이제 내가 너희에게 말하노니 이 사람들을 상관하지 말고 버려 두라. 이 사상과 이 소행이 사람으로부터 났으면 무너질 것이요, 만일 하나님께로부터 났으면 너희가 그들을 무너뜨릴 수 없겠고 도리어 하나님을 대적하는 자가 될까 하노라. (행 5:38-39)

만일 기도 중에 떠오른 나의 생각이 하나님의 음성으로 착각한 것이거나 스스로 만든 위로나 확신일 경우, 그것은 오래가지 못하고 곧 사그라듭니다. 그러나 진정 하나님이 나에게 하신 말씀이라면, 나의 믿음을 지속적으로 지탱하며 힘을 공급해 줄 것입니다.

셋째, 하나님의 음성은 들으면 들을수록 더 잘 알아듣게 됩니다. 예수님은 이렇게 말씀하셨습니다. "내 양은 내 음성을 들으며 나는 그들을 알며 그들은 나를 따르느니라"(요 10:27). 기도를 하다 말다 하고, 주님의 음성도 듣다 말다 하다 보니 가끔씩 기도 중에 들려오는 음성이 누구의 것인지 분별하지 못하게 되는 것입니다.

하박국을 가만히 읽어 보면, 하박국도 계속 질문하고 묻고 따지며 하나님의 답을 기다리면서 자신이 들은 말씀이 정말 하나님의 음성인지 분별합니다. 하박국도 처음에는 반신반의했을 겁니다. "아니, 아무리 우리 유다 족속이 죄를 지었다 해도 그렇지 어떻게 바벨론을 일으켜서 우리를 치겠다고 하실 수가 있나? 이게 정말 하나님의 음성 맞나?" 하박국 선지자는 질문하고 기다리며 자신의 어눌한 입술과 생각을 통해 들려오는, 자신이 전혀 알지도 못했던 생각이 하나님의 음성임을 분별하기 시작합니다.

기도 중에 우두커니 잡념에 빠지기보다는 하나님께 질문하고 기도하고 답을 기다려 보기 바랍니다. 그리고 하나님이 어눌한 나의 입술을 통해 내가 전혀 몰랐던 생각을 속삭이실 때 그 음성들을 모아 두십시오. 모아 두고 보면 하나님의 음성의 공통점을 발견하게 될 겁니다. 그 하나님의 음성이 성경과 일치하고 지속적으로 평안과 확신을 주어 내 믿음을 굳건하게 한다면, 일단 하나님께로부터 온 것이라 여겨도 좋습니다.

> 내가 내 파수하는 곳에 서며 성루에 서리라. 그가 내게 무엇이라 말씀하실는지 기다리고 바라보며 나의 질문에 대하여 어떻게 대답하실는지 보리라. (합 2:1)

나도 하박국처럼 했는데 그 어떤 음성도 들리지 않고 하나님의 침묵뿐이라구요? 하나님의 침묵엔 여러 의미가 숨어 있습니다. 유아 교육 전문가들은 어린 자녀들이 부모에게 못된 말을 하거나 잘못된 행동을 할 경우 정답게 받아 주지 말고, 그냥 빤히 쳐다보거나 반응을 하지 않도록 안내합니다. 그러면 아이는 부모가 왜 받아 주지 않는지를 돌아본다고 합니다.

기도의 응답에 여러 의미가 있다고 볼 수 있듯, 하나님의 침묵에도 여러 의미가 담겨 있습니다.

하나님의 조용한 침묵이 "그래, 좋다"라고 허락하시는 것같이 느껴질 때가 있는가 하면, "애야, 그건 아니지 않니?"라고 거절하시는 것같이 느껴질 때도 있습니다. 또한 "기다리거라"고 하시며 조급한 마음을 내려놓게 하시는 것 같을 때도 있고, "그것은 나에게 계속 물을 일이 아니라 네가 순종하고 움직여야 할 일이다"라고 하시는 것 같을 때도 있습니다. 또는 "그냥 나에게 맡기렴" 하는 것같이 느껴질 때도 있습니다. 이처럼 하나님의 침묵도 우리 마음속에서 정감적으로 들을 수 있습니다.

기도 안에서 감정을 표현해야 하는 이유

하박국의 기도를 들여다보면 그가 이성적이기도 하지만 대단히 감정적이라는 것을 알 수 있습니다.

> 어찌하여 거짓된 자들을 방관하시며 악인이 자기보다 의로운 사람을 삼키는데도 잠잠하시나이까? (합 1:13)

> 그가 그물을 떨고는 계속하여 여러 나라를 무자비하게 멸망시키는 것이 옳으니이까? (합 1:17)

현대 교육은 서구의 지적 전통의 영향을 받아 이성적 사고를 바람직하게 여기는 경향이 있습니다. 그러나 최근 영성학계에서는 감정의 중요성을 강조합니다. 감정이 어떤 역할을 하기 때문일까요?

첫째, 감정은 우리의 의지를 촉발합니다. 단기 선교에 갔을 때 느낀 긍정적인 감정은 아무리 힘든 상황에서도 다시 선교에 매진하게 하는 힘이 됩니다. 둘째, 감정은 사람과 사람 사이에 관계가 이어지게 하기도 하고, 관계가 끊어지게 하기도 합니다. 서로에게 솔직할 때 관계가 자라고, 서로에게 거짓될 때 관계가 손상됩니다. 셋째, 감정은 삶에 의미를 부여합니다. 사람에게 있어 의미 없는 고난만큼 견디기 힘든 것은 없습니다. 아무리 어렵고 힘든 상황이라도 사랑하는 사람을 위한 것이라면, 그 고난 속에서 의미를 발견하고 이를 극복할 힘을 얻기도 합니다.

이처럼 감정은 우리로 하여금 의지를 갖게 하고, 관계를 맺거나 끊게 하며, 의미를 찾게 해 줍니다. 감정은 하나님과의 관계에서도 중요한 역할을 합니다. 우리의 영적 여정에서 감정은 부수적 요소가 아니라 하나님과의 진정한 만남을 가능하게 하는 중요한 통로가 됩니다. 따라서 우리가 기도할 때 내 안의 지배적인 감정을 주님께 봉헌해 드리면, 기도는 거짓없고 진실해지며, 이를 통해 주님과의 관계가 깊어질 것입니다. 또한 고난의 의미를 발견하게 되고, 기도에 활력을 더하게 될 것입니다.

과거, 현재, 미래

현대인들은 과거의 일을 후회하고, 미래의 일을 두려워하다가 정작 현재를 온전히 살지 못할 때가 많습니다. "아, 그때 그러지 말았어야 했는데, 왜 그런 실수를 했을까?" 하고 과거를 후회하느라 현재에 집중하지 못하고, "앞으로 실직하면 어떻게 하나? 건강이 회복되지 않으면 어떻게 하나? 퇴직하고 할 일이 없으면 어떻게 노후를 살아갈 수 있을까?" 하고 미래를 두려워하느라 현재를 잃어버리고 맙니다. 그래서 영성가 헨리 나우웬은 기도란 어제의 후회를 하나님의 경륜에 맡기고 내일의 걱정도 하나님께 맡기며 지금 여기 현재를 백 퍼센트 온전히 사는 것이라고 했습니다.[36]

이러한 맥락에서 하박국 3:2에서 하박국은 과거, 현재, 미래에 대해 기도합니다. "부흥하게 하옵소서"(과거), "나타내시옵소서"(현재), "잊지 마옵소서"(미래).

첫째, "부흥하게 하옵소서"는 '과거에 행하셨던 주님의 일을 지금 여기서 다시 행해 주십시오'라는 기도입니다. 여러분은 지금까지 살아오면서 언제가 가장 행복했습니까? 그러한 행복이 다시 올 거라고 믿고 있습니까? 마음이 낙심될 때는 과거에 있었던 좋은 일이 또 일어날 거라고 생각하지 못합니다. 하박국은 과거에 행하셨던 주의 일을 다시 행해 달라고 기도합니다. 우리도 하박국처럼 "하나님, 과거에 저에게 주셨던 은혜를 다시 허락해 주십시오"라고 기도해 보면 어떨까요?

둘째, 하박국은 현재를 위해 기도합니다. "내가 주께 대해 들은 소문과 주의 일을 나타내시옵소서." 고린도후서 6:2에서는 "보라, 지금은 은혜 받을 만한 때요, 보라 지금은 구원의 날이로다"라고 말씀합니다. 현재를 가장 잘 사는 방법은 바로 오늘을 은혜의 날이자 구원의 날로 사는 것입니다.

셋째, 하박국은 미래를 부탁하고 있습니다. "하나님, 앞으로 진노하시더라도 자비를 베풀어 주십시오." 우리는 미래에 대해 기대와 소망을 갖습니다. 기대란, 과거와 현재를 기초로 미래를 긍정하는 것입니다. 반면, 소망은 우리를 향한 하나님의 자비를 근거로 미래를 낙관하는 것입니다. 하박국은 이렇게 간구하고 있습니다. "하나님, 인간적인 기대로는 유다가 죄로 인해 벌 받아 마땅하다는 것을 인정합니다. 그러나 하나님의 소망에 의지해 기도하오니 진노 중에도 자비를 잊지 마소서."

하박국 선지자처럼 질문하고 기도하고 분별한다면, 결국 하나님의 뜻을 온몸으로 껴안는 하박국들이 될 것입니다.

핵심 내용

- 하나님의 뜻이 나의 뜻이 되기 위해서는 하나님께 질문하고 대답하고 기다리는 시간이 필요하다.
- 하나님의 음성은
  1) 성경의 진리와 일치하고,
  2) 우리의 믿음을 지속적으로 지탱하는 힘이 있으며,
  3) 들으면 들을수록 더 잘 들을 수 있다.

기도 살아가기 ⑱

기도 돌아보기
- 아직 하나님께 봉헌해 드리지 못한 과거의 후회와 미래의 염려는 무엇인가?

- 오랜 시간 지속적으로 나에게 힘과 위로가 되는 하나님의 음성은 무엇인가?

영적 지도
- 기도 중에 하나님의 음성처럼 느껴진 내용을 기록하고, 성경에 등장하는 하나님의 말씀과 일치하는지 검토해 보라.

- 기도 중에 감정을 봉헌해 드렸을 때와 그렇지 않았을 때를 비교해 보라.

더 읽어 볼 책
- 고든 스미스, 『분별의 기술』(사랑플러스).

| 19 | 이웃 사랑으로
하나님의 얼굴을 보다 | 모세의 기도 |

> 모세는 여호와께서 대면하여 아시던 자요.
> 신명기 34:10

우리는 언제 중보 기도자가 되는가?

사람은 성숙할수록 자신에게 일어난 좋은 일들로 인해 기뻐하기보다는 사랑하는 사람들에게 일어난 좋은 일들로 인해 더 기뻐합니다. 전에는 내가 처한 상황이 가장 심각해 보였는데, 성숙해진 다음에는 사랑하는 사람들이 곤경에 처한 것이 더욱 안타깝고 마음이 아픕니다. 이처럼 자신의 기쁨이나 슬픔보다 사랑하는 사람들의 기쁨과 슬픔이 더욱 크게 여겨질 때, 우리는 비로소 하나님과 사랑하는 사람들 사이에서 중보자가 됩니다. 그럼에도 불구하고 우리는 중보 기도자 이상이 될 수는 없습니다. 사랑하는 사람들에게 부수적인 무언가를 줄 수 있을 뿐 결정적인 무언가를 줄 수 없기 때문입니다. 몸이 불편하신 부모님을 병원에 모시고 갈 수는 있지만, 건강하게 해 드릴 능력은 없습니다. 자녀의 학비를 대줄 수는 있지만, 아이가 원하는 대학에 합격시켜 줄 수는 없지요. 친구에게 소개팅을 시켜 줄 수는 있지만 사랑하게 할 수는 없습니다. 오직 전능하신 하나님이 우리가 사랑하는 사람들에게 가장 선한 것을 주실 수 있기에 우리는 그저 하나님과 사랑하는 사람들 사이에서 하나님께 간곡하게 부탁할 수 밖에 없습니다. 그때 우리는 중보 기도자가 되는 것입니다.

그리스도인의 정체성: 중재자

모세는 평생을 중재자이자 중보자로 살았습니다. 그러한 그의 인생을 상징하듯이, 모세는 태어난 지 3개월 만에 나일강 중간에 버려졌습니다. 그리고 본래 히브리 사람인 그는 애굽의 공주에게 입양되어 애굽 사람과 히브리 사람 사이에서 중간자로 살았습니다. 무엇보다도 모세는 하나님과 이스라엘 백성 사이에서 평생 동안 중보자 역할을 감당했습니다. 우리 그리스도인 역시 하나님과 하나님을 믿지 않는 세상 사람 사이에 서 있습니다. 또한 우리는 하나님과 아직도 하나님 앞에 나오지 못하는 가족들 사이에 서 있기도 합니다. 따라서 모세가 가진 중재자로서의 정체성은 바로 세상에서 살아가는 우리 그리스도인들의 정체성을 보여 주는 것이기도 합니다

중보의 대상과 하나님 연결하기

출애굽기 32장에서 모세는 대단히 심각한 상황에서 중보 기도를 하고 있습니다. 모세가 시내산에 올라가 십계명을 받는 동안 이스라엘 백성이 금송아지 우상을 만들어 섬겼기 때문입니다. 이 일로 인해 진노하신 하나님은 이스라엘 백성을 철저히 하나님과 분리시키셨습니다.

> 여호와께서 모세에게 이르시되 "너는 내려가라. 네가 애굽 땅에서 인도하여 낸 네 백성이 부패하였도다." (출 32:7)

하나님은 이스라엘 백성을 "모세, 네가 애굽에서 인도하여 낸 네 백성"이라고 칭하시며 자신과 분리시키셨습니다. 우리가 죄 가운데 하나님께 등을 돌리면 이처럼 하나님과 분리된다는 것을 알아야 합니다. 그러자 모세는 죄로 인해 하나님과 분리된 이스라엘 백성을 다시 하나님과 연결시키는 중보를 합니다.

> 모세가 그의 하나님 여호와께 구하여 이르되 "여호와여, 어찌하여 그 큰 권능과 강한 손으로 애굽에서 인도하여 내신 주의 백성에게 진노하시나이까?" (출 32:11)

하나님이 모세에게 "모세, 네가 인도하여 낸 너의 백성"이라고 분리하신 것을 모세는 "하나님이 인도하여 내신 하나님의 백성"이라고 다시 연결합니다. 이처럼 중보 기도란, 중보의 대상을 하나님과 연결하는 것입니다. 실제로 중보자란, 자기 몸으로 갈라진 틈을 덮는 사람이라는 뜻입니다.[37]

중보 기도는 하나님 사랑이자 이웃 사랑

모세는 이스라엘 백성을 하나님과 연결한 다음, 중보 기도 안에서 하나님을 사랑하고 이스라엘 백성을 사랑합니다. 중보 기도를 한 마디로 정의하면 "하나님을 사랑함으로 이웃을 사랑하는 것"입니다. 그러면 중보 기도자는 하나님을 더 사랑하는 사람일까요? 아니면, 중보의 대상을 더 사랑하는 사람일까요? 중보자는 중보의 대상보다 하나님을 더 사랑하는 사람이어야 합니다.

우리의 신앙이 아직 미성숙할 때, 우리는 중보를 들으시는 하나님보다 중보의 대상을 더 사랑하곤 합니다. 그러면 어떻게 될까요? 하나님이 내 뜻을 이루기 위한 수단과 방법으로 전락하시고 맙니다. 중보 기도의 방향을 올바르게 잡으려면 중보의 대상보다 하나님을 더 사랑해야 합니다. 출애굽기 32장에서 모세는 중보의 대상인 이스라엘 백성보다

> **책갈피**
>
> 2장. 아브라함의 기도 "중보 기도는 이웃 사랑이다"와 비교해 보라(38쪽). 이웃 사랑인 중보 기도가 왜 이웃보다 하나님을 더 사랑하는 단계까지 발전해야 하는지 생각해 보라.

하나님을 더 사랑하고 있습니다. 그는 하나님의 명예를 위함으로 하나님을 더 사랑합니다.

그는 이렇게 기도했습니다. "하나님, 이스라엘 백성이 금송아지 우상을 섬기는 죄를 범해 죽어 마땅하지만, 하나님이 이스라엘 백성을 진멸하신다면, 애굽 사람들이 뭐라고 하겠습니까? '여호와가 이스라엘을 출애굽시킨 것이 고작 산과 들에서 죽이기 위해서였구나' 한다면 하나님께 영광이 되지 못할 겁니다. 그러니까 이스라엘의 죄를 사해 주십시오"(참조. 출 32:12).

중보 기도의 두 방향

우리가 중보 기도 안에서 하나님을 사랑하고 이웃을 사랑할 때, 우리의 중보는 아래에서 위로 상승하는 방향과 위에서 아래로 하강하는 방향을 갖게 됩니다.

> 모세가 여호와께로 다시 나아가 여짜오되 "슬프도소이다. 이 백성이 자기들을 위하여 금 신을 만들었사오니 큰 죄를 범하였나이다. 그러나 이제 그들의 죄를 사하시옵소서. 그렇지 아니하시오면 원하건대 주께서 기록하신 책에서 내 이름을 지워 버려 주옵소서." (출 32:31-32)

우선 모세는 자신의 욕망을 구하지 않고 이스라엘 백성과 자신을 동일시하며 이스라엘 백성의 입장이 되어 하나님께 용서를 구하고 있습니다. 이것이 바로 아래에서 위로 향하는 중보입니다.

둘째, 위에서 아래로 향하는 중보는 하나님의 뜻을 사람에게 전하는 메신저의 기능을 수행하는 것입니다. 모세는 하나님의 진노를 이스라엘 백성에게 전해 주는 것을 잊지 않았습니다. 그는 십계명 돌판을 던져 깨뜨리고, 금송아지 우상을 태워 갈아 백성들에게 마시게 했습니다. 하나님이 괜찮지 않으시다는 것을 알려 주기 위해서였습니다.

만일 자녀를 위해 중보하는 부모라면 하나님의 뜻을 자녀에게 알려 줄 수 있어야 합니다. 단순히 야단치는 것을 넘어, 아이의 행동이 하나님의 뜻에 어긋나는 이유를 설명하고, 그로 인해 하나님이 얼마나 마음 아파하실지를 진심으로 전하는 것이지요. 예를 들어, 자녀가 친구를 괴롭혔다면 부모는 이렇게 이야기할 수 있습니다. "얘야, 네가 친구에게 그렇게 심하게 말하는 것을 보면 하나님이 매우 슬퍼하실 것 같아. 하나님은 우리가 서로 사랑하고 존중하기를 바라시거든." 중보자는 이렇게 하나님의 메신저 역할을 수행하기도 하는데, 이것이 중보 기도의 하강 작용입니다.

중보 기도의 3단계

그러면 중보 기도를 구체적으로 어떻게 해야 할까요? "구하라, 그리하면 너희에게 주실 것이요. 찾으라, 그리하면 찾아낼 것이요. 문을 두드리라, 그리하면 열릴 것이니"(마 7:7). 이 말씀에 중보 기도의 3단계가 잘 나타나 있습니다.

첫째, 중보 기도의 시작점은 "구하라", 즉 간구입니다. 내가 중보 대상자와 하나가 되어 그에게 필요한 것을 하나님께 구하는 것입니다. 둘째, '찾으라', 즉 실천입니다. 중보 기도자는 가만히 앉아서 구하기만 하는 사람이 아니라, 중보의 대상을 도울 방법을 찾는 사람이라는 뜻입니다. 환우들을 위해 중보했다면 문병을 가서 위로할 수 있습니다. 좋은 의사 선생님을 소개할 수도 있고, 사정이 어려운 분들에게는 병원비에 보태시도록 재정적으로 도와드릴 수도 있습니다. 셋째, '두드리라'입니다. 이것은 중보 기도의 종착점으로 기다림의 단계입니다. 구하고, 찾고, 두드렸다면 결과는 하나님께 맡기고 기다려야 하는 것입니다.[38]

대도

어떤 권사님이 남편과 부부 싸움을 한 다음에 하나님께 기도했답니다. "하나님, 남편과 화해하게 해 주십시오." 사실 이 권사님은 남편을 사랑하기 때문에 빨리 관계를 회복하고 싶었습니다. 그런데 뜻밖에도 하나님은 권사님의 기도를 인도하시더니 시어머니와의 관계를 놓고 기도하게 하셨습니다. 이 권사님은 시어머니와 관계가 좋지 않았기 때문에 스스로 기도를 중단해 버리고 말았습니다.

중보 기도의 한계는 사랑하는 사람을 위해서라면 얼마든지 중보 기도를 하지만, 미워하는 사람을 위해서는 중보 기도를 할 생각조차 하지 못한다는 데 있습니다. 그러면 우리는 관계가 좋지 않은 사람들을 위해 어떻게 중보할 수 있을까요?

독일의 신학자 디트리히트 본회퍼는 그의 책 『신도의 공동생활』에서 중보 기도를 '대도'라고 표현했습니다. 대도란, 쉽게 말해 내가 상대방이 되어 그를 위해 기도하는 것입니다. 본회퍼는 대도를 다음과 같이 설명합니다.

> 대도란, 중보의 대상을 그리스도의 십자가 앞에 세워 놓고 그를 오직 하나님의 은총이 필요한 가련한 죄인으로 보는 것입니다. 그러면 내 안에 그를 멀리하려는 모든 것이 사라지고 그의 곤궁함과 죄는 나의 것과 같이 됩니다. 거기서 그와 나는 하나가 되며 나는 비로소 그를 위해 대도를 드리게 됩니다.[39]

우리가 미워하는 사람을 그리스도의 십자가 앞에 세워 놓고 단지 그를 하나님의 은총이 필요한 가련한 죄인으로 보는 순간 그와 내가 같은 처지라는 것을 알게 된다는 겁니다. 바로 그 지점에서 모든 장벽이 무너지고 내가 그를 위해 대도할 수 있게 됩니다. 모세는 금송아지를 섬긴 이스라엘 백성이 밉지만 그들을 위해 대도했습니다.

중보 기도의 열매
중보 기도의 가장 중요한 열매는 우리가 하나님의 뜻에 참여하게 된다는 데 있습니다. 모세가 중보하자 하나님이 어떻게 응답하셨습니까? 하나님이 뜻을 돌이키사 화를 내리지 않으셨습니다. "아니, 하나님이 어떻게 이랬다가 저랬다가 하실 수 있지?" 하고 의아해할 수 있습니다. 실제로 출애굽기 전체를 보면 하나님은 모세가 하자는 대로 하기도 하시고, 모세가 하자는 대로 하지 않기도 하십니다. 그러나 이 두 경우 모두 하나님이 하나님의 뜻대로 하신 것입니다.

구약학자 크리스토퍼 라이트는 오늘 본문을 다음과 같이 논평합니다. "모세는 지금 하나님을 대항해서 주장하고 있는 것이 아니라 하나님 안에서 하나님의 주장에 참여하고 있다."[10] 중보자는 중보 기도를 하며 자신의 뜻을 관철시키는 것이 아니라 하나님의 뜻에 참여해 중보의 결과에 승복합니다.

대개 중보 기도 과정에 충실히 참여하지 못한 분들의 경우, 원치 않는 결과를 받아들이기 대단히 힘들어합니다. 반면 중보 기도를 충실히 한 분들은 바라지 않던 결과에 직면하더라도 큰 어려움 없이 하나님의 뜻에 참여하면서 그 결과를 수용하는 것을 볼 수 있습니다.

하나님의 얼굴을 보려면

신명기 마지막 장에는 '모세의 묘비명'으로 불리는 모세에 대한 최종 평가가 등장합니다.

> 모세와 같은 예언자는 그 뒤로 한 사람도 나타나지 않았습니다. 모세는 여호와께서 얼굴과 얼굴을 마주하여 말씀하신 사람이었습니다. (신 34:10, 쉬운성경)

모세는 어떻게 하나님과 얼굴을 마주해 사귀는 사람이 될 수 있었을까요? 바로, 중보 기도를 통해 하나님과 함께 많은 사람을 사랑했기 때문입니다. 하나님의 시선은 당신의 백성을 향해 있습니다. 모세는 중보로 하나님의 백성을 향했습니다. 하나님과 모세는 동일한 관심사인 하나님의 백성을 함께 바라보며 눈을 마주치고 얼굴을 마주했던 것입니다. 신비롭게도 하나님과의 깊은 만남은 우리가 자아에만 관심을 기울이도록 하지 않고, 우리를 전체 피조 세계와의 관계로 초대합니다.[41] 그래서 하나님과의 깊은 만남을 체험한 신비가들일수록 모든 인간과 연대하는 모습을 보입니다.

하나님과 얼굴을 마주 보며 사귀기 원합니까? 개인 기도를 기초로 한 중보 기도로 하나님과 함께 여러 사람을 사랑하다 보면 어느새 하나님과 얼굴을 마주 보며 사귀게 될 것입니다.

> **핵심 내용**
>
> - 그리스도인은 하나님과 중보의 대상 사이에 서 있는 중재자다.
> - 중보 기도란 하나님과 분리되어 있는 사람을 하나님과 연결하는 것이다.
> - 중보 기도는 이웃 사랑이다. 그러나 중보자는 이웃보다 하나님을 더 사랑한다.
> - 중보자는 자신의 뜻을 관철시키기보다는 하나님의 뜻에 참여해 중보의 결과에 승복한다.
> - 모세는 하나님의 주된 관심사인 하나님의 사람들을 위해 중보하다가 하나님과 얼굴을 마주 보는 사람이 되었다.

19장. 이웃 사랑으로 하나님의 얼굴을 보다

기도 살아가기 ⑲

기도 돌아보기

- 미워하는 사람을 위해 중보해 보았는가? 그 결과는 어떠했는가?

- 미워하는 사람을 위해 중보하지 못했다면 그 이유는 무엇인가?

영적 지도

- 내가 미워하는 사람을 십자가 앞에 세워 두고 하나님의 은총이 필요한 가련한 죄인으로 바라보라.

- 내가 미워하는 사람의 곤궁함과 죄가 나의 곤궁함과 죄와 같음을 묵상해 보라.

- 그를 대신해 그를 위해 기도하는 대도를 해 보라.

더 읽어 볼 책

- 김영봉, 『그 사람 모세』(복있는사람)

| 20 | 하나님을
자랑하다 |
|---|---|

여호사밧의 기도

> 백성과 더불어 의논하고 노래하는 자들을 택하여
> 거룩한 예복을 입히고 군대 앞에서 행진하며
> 여호와를 찬송하여 이르기를
> "여호와께 감사하세 그의 인자하심이 영원하도다"
> 하게 하였더니.
> 역대하 20:21

하나님인가? 하나님이 주시는 은혜인가?

우리는 기도하고 응답받으며 하나님을 기뻐하기보다는 하나님이 주시는 선물을 더 기뻐합니다. 그래도 괜찮습니다. 부모들이 자녀들의 필요를 채워 주고 자녀들이 즐거워하는 모습을 보며 흐뭇해하듯이 하나님도 우리에게 은혜 베풀기를 기뻐하시기 때문입니다. 그럼에도 불구하고 영적으로 성숙할수록 우리는 점점 하나님이 주시는 선물보다 하나님 자체를 더욱 기뻐하게 되는데, 그때 하나님께 감사한 마음을 표현하는 것이 바로 찬양입니다.

기도의 네 순간

존 달림플(John Dalrymple)은 우리의 기도가 간구, 감사, 회개, 찬양으로 진행된다고 했습니다.[42] 우리는 먼저 자신의 필요를 하나님께 간구하며 기도를 시작합니다. 간구하는 것은 하나님을 의지하는 것이기에 하나님께 간구하는 기도를 절대로 잃어버려서는 안 됩니다.

그렇게 간구하다 보면 하나님이 어떤 형태로든 응답해 주신다는 것을 깨닫게 되어 결국 감사하게 됩니다. 그래서 간구 기도는 자연스럽게 감사 기도로 이어집니다. 어떤 권사님 한 분이 문득 평생에 걸친 자신의 기도 생활을 돌아보다가 하나님께 죄송한 마음이 들었다고 하셨습니다. 왜냐하면 자신은 항상 하나님께 무언가를 구하기만 하고 하나님은 거의 다 응답해 주셨는데, 또다시 하나님께 뭐가 달라고 하기가 염치 없게 여겨졌기 때문입니다. 우리는 하나님께 필요를 구하고, 응답받고, 감사하다가 정작 하나님을 기쁘시게 하지 못하는 자신의 모습으로 인해 참회하며 자연스럽게 회개 기도에 다다릅니다.

간구하고, 감사하고, 회개하는 것을 반복하면서 "아, 하나님은 내가 잘하든 못하든 간에 오직 하나님의 선하심으로 인해 은혜를 베푸시는 구나!" 하는 것을 깨닫는 순간 오직 하나님 자체를 기뻐하게 되는데, 그것이 바로 기도의 최고의 순간인 찬양입니다.

기억하고 기대하는 기도의 원리

역대하 20장에는 남유다의 여호사밧 왕이 하나님께 찬양의 기도를 드리는 장면이 등장합니다. 여호사밧 통치 말년에 유다 왕국의 번영을 시기했던 모압과 암몬과 마온 세 민족의 연합군이 쳐들어 왔습니다. 연합군의 규모가 워낙 컸기 때문에 유다의 전력만으로는 도저히 승산이 없었습니다. 그러한 순간에 여호사밧은 어떻게 기도했을까요?

> 우리 조상들의 하나님 여호와여, 주는 하늘에서 하나님이 아니시니이까? 이방 사람들의 모든 나라를 다스리지 아니하시나이까? 주의 손에 권세와 능력이 있사오니 능히 주와 맞설 사람이 없나이다. (대하 20:6)

구약 성경 여러 인물들의 기도에서 볼 수 있듯이 여호사밧은 기도를 시작하면서 먼저 하나님이 어떤 분이신지 묵상합니다. 그는 하나님께 이방 사람들도 다스리시는 권세와 능력이 있음을 알고 모압, 암몬, 마온 연합군으로부터 구원해 주시길 간구합니다. 그런 다음 여호사밧은 이전에 하나님이 이 땅 주민들을 내쫓으시고 당신의 백성에게 그 땅을 주셨던 일을 기억해 냅니다.

> 우리 하나님이시여, 전에 이 땅 주민을 주의 백성 이스라엘 앞에서 쫓아내시고 그 땅을 주께서 사랑하시는 아브라함의 자손에게 영원히 주지 아니하셨나이까? (대하 20:7)

그는 이전에 하나님이 이 땅 주민을 내쫓으시고 당신의 백성에게 그 땅을 주셨던 일을 기억한 다음 이번에도 하나님의 구원을 기대하며 간구합니다.

> 우리 하나님이여, 그들을 징벌하지 아니하시나이까? 우리를 치러 오는 이 큰 무리를 우리가 대적할 능력이 없고 어떻게 할 줄도 알지 못하옵고 오직 주만 바라보나이다. (대하 20:12)

그러면 우리가 이렇게 하나님의 도우심의 역사를 기억하고 기대하며 하나님을 의지하면 어떤 일이 일어날까요? 어린 자녀들이 학교에서 어려운 숙제를 받아 와 "엄마, 숙제가 너무 어려워요. 좀 도와주세요" 하면 아이의 숙제는 고스란히 엄마의 숙제가 됩니다. 마찬가지로 우리가 하나님을 전심으로 의지하면, 내 삶의 문제는 하나님의 문제가 되고, 나의 근심은 하나님의 근심이 됩니다.[43] 그 결과 하나님이 내 삶의 문제와 근심을 당신의 일로 책임져 주시면서 우리는 하나님의 구원을 경험하게 됩니다. 하나님이 레위 사람 야하시엘을 통해 여호사밧에게 하시는 말씀을 들어 봅시다. "이 전쟁은 너희 전쟁이 아니라 나 여호와의 전쟁이다"(대하 20:15, 현대인의성경).

여호사밧이 하나님을 의지하자 남유다의 전쟁이 하나님의 전쟁이 됩니다. 우리가 기도하지 않으면 내 인생의 문제를 고스란히 나 홀로 지고 가게 됩니다. 그러나 하나님께 기도하면, 내 인생의 문제는 하나님의 것이 되고, 하나님이 역사하실 수 있는 통로가 됩니다.

찬양의 기원

기도한 결과 내 인생의 문제가 하나님의 문제가 되고, 나의 싸움이 하나님의 싸움이 되었을 때 우리가 해야 할 일은 무엇일까요?

> 이 전쟁에는 너희가 싸울 것이 없나니 대열을 이루고 서서 너희와 함께 한 여호와가 구원하는 것을 보라. (대하 20:17)

하나님이 내 인생의 문제를 도맡아 주실 때, 나를 괴롭게 하는 적을 두려워하는 게 아니라 하나님의 구원을 기대하게 됩니다. 그래서 여호사밧은 특이한 행동을 합니다. 그는 전쟁터 한복판에서 전쟁이 터지기 직전에 노래하는 자들을 택해 거룩한 예복을 입히고는 군대 앞에서 행진하며 하나님을 찬송하게 합니다. 이것은 전쟁사를 통틀어 전무후무한 진영입니다. 그는 어떻게 절체절명의 상황에서 찬양대를 앞세워 찬양하게 할 수 있었을까요?

우리는 대개 형통하고 평안할 때는 찬양하다가도 어렵고 힘들면 찬양하지 않는 경향이 있습니다. 그런데 사실 찬양은 우리의 상황에서 비롯되는 것이 아니라, 하나님 자체에서 시작됩니다. '예배'를 뜻하는 영어 단어 'worship'은 '가치'(worth)와 '신분'(ship)의 합성어로 '최상의 존경을 받을 가치가 있는 분에게 드리는 행위'를 의미합니다. 즉, 우리가 하나님을 찬양하는 이유는 그분이 본질적으로 찬양을 받으시기에 합당하신 분이기 때문입니다.

이런 관점에서 찬양은 철저히 하나님 중심적입니다. 찬양은 우리가 자신의 상황이나 감정이 아니라 하나님의 위대하심과 선하심에 집중하게 합니다. 여호사밧이 전쟁터에서조차 하나님을 찬양할 수 있었던 이유는 전장이 아닌 하나님을 바라보았기 때문입니다.

주중에 우리는 세상살이의 걱정과 근심으로 찬양을 잃어버리곤 하지만, 주일에 예배 가운데 하나님을 다시 바라보면서 찬양을 회복합니다. 시편 63:3-4은 "주의 인자하심이 생명보다 나음으로 내 입술이 주를 찬양할 것이라. 이러므로 나의 평생에 주를 송축하며 주의 이름으로 말미암아 나의 손을 들리이다"라고 말씀합니다. 역시 찬양은 우리 자신과 상황에서 시작되는 것이 아니라 찬양받기 합당하신 하나님 자체로 시작하는 것임을 알 수 있습니다.

하나님이 최고이십니다

여호사밧이 전쟁을 시작하기도 전에 찬양대를 앞세워 찬양하자 무슨 일이 일어났습니까? 하나님이 적군들로 하여금 서로를 치게 하셨습니

> **책갈피**
>
> - 여호사밧이 전쟁이라는 절체절명의 상황에서 하나님을 찬양하고, 시편이 찬양으로 끝나며, 23장. 예수님이 가르쳐 주신 기도가 송영(찬양)으로 끝나는 이유가 무엇인지 생각해 보라(285쪽).

다. 먼저 암몬과 모압이 세일산 주민을 쳐서 진멸하더니 이어서 서로를 쳐죽였습니다.

사도행전 16장에는 바울과 실라가 전도를 하다가 붙잡혀 억울하게 매를 맞고 감옥에 갇히는 장면이 등장합니다. 그날 밤 바울과 실라는 기도하고 찬송을 부릅니다. 그러자 갑자기 큰 지진이 일어나더니 묶인 것이 다 풀리고 옥문이 열립니다.

이 같은 사건은 무엇을 의미하는 걸까요? 하나님을 찬양했더니 전쟁에서 승리하고 감옥 문이 열린 이유가 무엇일까요? 이것은 하나님의 권능이 모든 인간의 곤고한 상황을 능히 이기신다는 것을 의미합니다. 혹시 좌절과 절망이 가득한 상황 가운데 있습니까? 더 이상 기도가 나오지 않고 찬양할 수 없는 순간일지라도, 믿음으로 하나님을 찬양해 보십시오. 그러한 찬양 가운데, 상황을 초월해 역사하시는 하나님의 권능을 경험하게 될 것입니다.

부모들은 자기 자녀가 그저 부모의 말을 잘 듣는 착한 아이가 되길 바랄까요? 아니면, "우리 엄마 아빠가 최고야!" 하면서 부모의 노고를 알아 주고, 부모를 존경하길 바랄까요? 둘 중 언제 기쁨이 더욱 크겠습니까? 후자가 아닐까요? 마찬가지로 하나님도 우리가 단지 하나님의 말씀에 순종하며 살아가는 것 이상으로 "하나님이 최고이십니다!" 하며 하나님을 높여 드릴 때 가장 크게 기뻐하십니다. 이처럼 찬양은 하나님을 기쁘시게 하는 최고의 기도이자 예배입니다.

영적 이륙

시편은 하나님을 향한 150개의 기도와 찬양으로 구성되어 있습니다. 시편의 시작인 1편은 여호와의 말씀을 주야로 묵상하는 자가 복이 있다고 선포하지만, 시편 마지막 다섯 편인 146-150편은 그 어떤 간구나 감사나 회개 없이 그저 하나님을 찬양하는 할렐루야로 가득합니다. 마치 비행기가 출발해 점점 빨리 지상을 달리다가 어느 순간 이륙하는 것과 같이, 시편은 그렇게 간구하고 탄식하고 감사하다가 나중에는 오로지 찬양으로 하나님을 향해 날아오릅니다.

즉, 시편에서 묘사하는 가장 성숙한 그리스도인의 모습은 시편 1편에서처럼 말씀에 순종하는 사람을 넘어, 시편 150편에서처럼 하나님을 찬양하는 사람인 것입니다. 하나님의 말씀에 순종하는 사람 중에는 하나님을 찬양하는 사람도 있고, 찬양하지 않는 사람도 있을 테지만, 하나님을 찬양하는 사람이라면 하나님의 말씀에 순종하는 것은 너무나도 자연스런 일이 됩니다.

『팡세』라는 책으로 잘 알려진 프랑스 수학자이자 철학자인 블레즈 파스칼(Blaise Pascal)은 하나님을 깊이 체험한 후에 그 경험을 종이에 적어 자신의 속옷 안쪽에 꿰매어 놓고 평생 그 쪽지를 지니고 다녔습니다. 그 글은 이렇습니다.

> 불, 아브라함의 하나님, 이삭의 하나님, 야곱의 하나님이시며,
> 철학자들이나 학자들의 하나님이 아닌 분,

> 확신, 확신, 마음속의 기쁨, 평화, 예수 그리스도의 하나님,
>
> 기쁨, 기쁨, 기쁨, 바다 같은 기쁨!⁴⁴

이것은 파스칼이 모든 인간적인 염려와 사고를 넘어 오직 하나님만을 마주했을 때 터져 나온 찬양이었습니다. 파스칼의 고백처럼, 성도의 삶은 세상의 걱정, 근심, 모든 괴로움보다도 하나님을 더 많이 소유하고, 하나님께 소유된 삶입니다. 간구와 감사와 회개를 반복하며 하나님이 하신 일을 목격할수록 우리는 더욱 하나님을 찬양하게 되고, 영적 이륙을 경험하게 될 것입니다. 그런 의미에서 하박국 선지자는 이렇게 노래했습니다. "주 여호와는 나의 힘이시라 나의 발을 사슴과 같게 하사 나를 나의 높은 곳으로 다니게 하시리로다"(합 3:19).

물론 우리가 현실을 완전히 벗어나 공중에 뜬 채 살아갈 수는 없겠

핵심 내용

- 기도는 간구와 감사와 회개를 거쳐 찬양에 다다른다.
- 기도할 때 인생의 문제는 하나님의 것이 되고 하나님이 역사하실 수 있는 통로가 된다.
- 찬양은 우리가 처한 상황이 아닌 하나님 자체에서 시작된다.
- 하나님과의 관계는 순종에서 시작해 찬양에서 최고의 정점에 다다른다.

지요. 그러나 놀라우신 하나님을 경험할수록 사슴과 같이 높은 곳으로 다니며 인생의 그 어떤 위기와 어려움 앞에서도 여호사밧처럼 하나님을 찬양하는 일이 점점 더 빈번해지지 않을까요? 우리의 찬양의 시작은 우리의 열악한 현실에 뿌리내리고 있지 않습니다. 오늘도 하나님 자체로부터 시작되는 찬양을 부르며 하나님을 알아 가며 하나님을 기쁘시게 하는 우리 모두가 되길 소망합니다.

기도 살아가기 ⑳

기도 돌아보기
- 나는 하나님과 하나님이 주시는 것 중 무엇을 더 즐거워하는가? 그 이유는 무엇인가?

- 하나님께 순종하되 하나님을 찬양하지 못한다면 그 이유는 무엇인지 생각해 보라.

영적 지도
- 하나님께 간구하고 감사하며 회개하기를 반복하다가 다만 하나님을 높이고 찬양하는 데만 집중해 보라.

더 읽어 볼 책
- 스탠리 게일, 『여호사밧의 기도』(규장).
- 존 달림플, 『단순한 기도』(은성).

21 하나님 안에서 새로워지다

야곱의 기도

> 그 사람이 그에게 이르되 "네 이름이 무엇이냐?"
> 그가 이르되 "야곱이니이다."
> 그가 이르되
> "이름을 다시는 야곱이라 부를 것이 아니요,
> 이스라엘이라 부를 것이니
> 이는 네가 하나님과 및 사람들과
> 겨루어 이겼음이니라."
> 창세기 32:27-28

만남

모름지기 사람은 살아온 대로 살아가기 마련입니다. 아무리 새롭게 되리라 결심해도 악착같이 살아온 사람은 악착같이 살아가고, 누군가를 속이며 살아온 사람은 속이며 살아갑니다. 즉, 인간은 스스로를 구원할 능력이 없습니다. 그러나 사람이 하나님을 만난다면 이제껏 살아온 것과 다른 인생을 살 수 있습니다. 야곱의 인생 전체를 돌아볼 때, 벧엘과 얍복강은 하나님을 만났던 중요한 장소였습니다.

야곱이 고향을 떠나 외삼촌 라반에게 피신하러 갈 때, 하나님은 벧엘에 천사들을 보내 야곱과 함께하실 것을 예고하셨습니다. 또한 야곱이 에서를 만나기 전 천사의 모습으로 가장해 야곱을 만나 주신 일도 형과의 만남에서 하나님이 함께하실 것을 예고하는 사건입니다.

야곱처럼 우리도 사기꾼에게 도움을 청하러 가거나, 내게 보복하려는 사람을 만나야 할 수 있습니다. 그런 상황에서조차 기도하며 하나님과 함께한다면 야곱처럼 인생의 전환기를 맞이하게 될 겁니다.

꼼수

에서가 세일 땅에 살고 있었다는 것은 그곳에 거주하던 호리 사람들을 몰아냈음을 의미하기에 이는 그가 군사적으로 매우 성장했음을 시사합니다. 야곱이 에서에게 사자를 보내 소식을 전하자 에서는 400인을 거느리고 야곱을 만나러 옵니다. 도둑이 제 발 저린다고 형을 속여 장자권을 빼앗은 경력이 있는 야곱은 에서가 자신을 죽이러 온다고 생각했습니다.

그는 자신의 떼를 두 떼로 나누고 에서가 한 진을 치면 다른 진은 피하게 하리라 계획했습니다. 그래도 안심이 되지 않자 그는 하나님께 다음과 같이 기도했습니다.

첫째, 그는 하나님의 은혜를 기억하고 기대하며 기도했습니다.

> 야곱이 또 이르되 "내 조부 아브라함의 하나님, 내 아버지 이삭의 하나님 여호와여! 주께서 전에 내게 명하시기를 네 고향, 네 족속에게로 돌

아가라. 내가 네게 은혜를 베풀리라 하셨나이다. … 내가 주께 간구하오니 내 형의 손에서, 에서의 손에서 나를 건져 내시옵소서." (창 32:9, 11)

우리가 인생의 위기의 때에 하나님을 만났던 순간으로 돌아가면, 지난 날 하나님이 베푸신 은혜를 기억하게 되고, 앞으로도 또다시 하나님의 은혜가 있을 것을 기대하게 됩니다.

둘째, 야곱은 눈앞에 닥친 두려운 일에 대해 솔직하게 기도합니다.

내가 그를 두려워함은 그가 와서 나와 내 처자들을 칠까 겁이 나기 때문이니이다. (창 32:11)

기도는 이렇게 솔직하게 하는 것이 좋습니다. 왜냐하면 하나님 앞에 솔직할 때 하나님과의 관계가 자라나기 때문입니다.

흥미롭게도 야곱은 하나님께 기도하는 데 그치지 않고 선물 공세라는 꼼수를 부립니다. 에서의 감정을 풀기 위해 암염소 200마리, 숫염소 20마리, 암양 200마리, 숫양 20마리, 낙타 30마리, 암소 40마리, 황소 10마리, 암나귀 20마리, 수나귀 10마리 등 총 550마리의 육축을 준비합니다. 이 많은 짐승을 여러 그룹으로 나누어 보내면서 종들에게 "이는 야곱이 에서에게 드리는 선물이며 야곱은 뒤에 오고 있습니다"라고 전하라고 했습니다.

야곱이 기도하며 하나님을 의지한 것은 사실이지만, 동시에 막대한 규모의 뇌물을 준비하며 꼼수를 부리는 모습은 그가 지난 세월을 어떻게 살아왔는지를 단적으로 보여 줍니다. 사실 야곱은 하나님을 의지하되 온전히 의지하지 못하며 살아왔습니다. 하나님의 은혜로 살면서도 자신의 기지를 발휘해 형 에서를 속이고, 외삼촌 라반을 속였으며, 스스로도 라반에게 속았습니다. 그야말로 야곱은 살아온 대로 살고 있는 것입니다.

그렇다면 야곱은 이 모든 순간이 지나가고 에서와 화해한 다음, 과연 하나님의 도우심 덕분에 위기를 벗어났다고 생각했을까요? 아니면, 자신의 선물 공세 덕분이었다고 생각했을까요? 긴가민가하지 않았을까요? 여러분은 지금까지 스스로의 힘으로 잘 살아왔다고 생각합니까? 아니면 전적으로 하나님의 은혜로 살아왔다고 생각합니까? 이도 저도 아닌 것 같습니까? 그렇다면, 우리가 바로 야곱입니다.

씨름

야곱은 두 아내와 자녀들과 모든 소유를 보내고 홀로 남습니다. 그리스도인이 홀로 있는다는 것은 하나님과 단둘이 있을 기회를 갖는 것을 의미합니다.

그때, 갑자기 어떤 사람이 나타나 야곱과 씨름을 하기 시작했습니다. 여기서 어떤 사람은 하나님입니다. 사실 씨름에는 야곱의 인생을 요약하는 상징적인 의미가 있습니다. 그는 형 에서와 장자권을 놓고 씨름했고, 장자의 축복을 얻기 위해 아버지 이삭과도 씨름했으며, 아내를 얻기 위해, 그리고 재산을 모으기 위해 장인인 라반과도 씨름했습니다. 이제 야곱은 살아남기 위해 하나님과 씨름합니다. 그런데 본문을 자세히 보면 야곱이 먼저 하나님과 씨름을 시작한 것이 아니라 하나님이 먼저 야곱과의 씨름을 시작하신 것을 알 수 있습니다.

장 칼뱅은 이를 두고 이렇게 말했습니다. "하나님은 왼손으로 우리와 싸우시고, 오른손으로는 우리의 편을 드신다." 그러면 하나님은 우리의 어떤 모습과 싸우시고, 어떤 모습을 편들어 주실까요?

> 깨끗한 사람에게는 주님의 깨끗하심을 보이시며,
> 간교한 사람에게는 주님의 절묘하심을 보이십니다. (시 18:26, 새번역)

하나님은 우리의 모습 중 하나님의 마음에 합한 부분은 편들어 주시고, 하나님의 마음에 합하지 않은 부분과는 싸우십니다. 하나님은 야곱이 하나님을 의지하는 부분을 편들어 주시고 자신의 꼼수를 의지하는 부분과 싸우셨습니다. 그래서 야곱의 허벅지 관절을 쳐서 부서뜨리십니다.

> 자기가 야곱을 이기지 못함을 보고 그가 야곱의 허벅지 관절을 치매 야곱의 허벅지 관절이 그 사람과 씨름할 때에 어긋났더라. (창 32:25)

즉, 하나님은 이렇게 말씀하신 것입니다. "야곱아, 너는 지금까지 너의 지혜와 술수로 잘 살아온 것이 아니다. 전적으로 나의 은혜로 살아온 것이다." 우리는 하나님이 야곱을 만나 주신 것처럼 우리를 만나 주실 것을 예상해 볼 수 있습니다. 우리에게 위로와 용기가 필요할 때 하나님은 야곱을 벧엘에서 만나 주신 것처럼 오른손으로 우리 편을 들어 주실 겁니다. 그러나 우리가 야곱처럼 하나님의 은혜를 헛되이 받을 때, 즉, 하나님의 은혜로 살아왔으면서 나의 힘으로 산 것처럼 교만해질 때, 하나님은 얍복강에서 야곱과 씨름하신 것처럼 우리와 씨름하시며 공격해 오실 수 있습니다. 영성가 존 던(John Donne)은 이 장면을 두고 다음과 같은 영성시를 썼습니다.

> 삼위이신 하나님, 당신을 위해 내 가슴을 부수소서.
> 당신의 힘으로 저를 두드리고, 날리시고,
> 불로 단련하고, 녹여 새롭게 하소서.
> 저는 당신을 지극히 사랑하고 또한 사랑받길 간절히 원하지만
> 당신의 적과 약혼한 상태입니다.
> 저를 파혼시키시고, 그 인연을 끊어 버리소서.
> 저를 위해 저를 당신에게 데려가시고, 당신에게 가두어 주소서.
> 당신이 제 마음을 빼앗기 전에는 결코 자유함이 없으며
> 당신이 저를 사로잡기까지는 결코 정절을 지킬 수 없나이다.[45]

발견

그런데 하나님이 야곱을 축복하시는 방법을 보십시오. 하나님은 야곱에게 "네 이름이 무엇이냐"(27절)라고 물으십니다. 지금 야곱의 이름을 몰라서 물으시는 것이 아닙니다. 질문을 듣고 야곱이 대답합니다. "저는 야곱입니다. 아버지와 형을 속인 놈입니다. 사기꾼입니다."

야곱은 이전에 아버지 이삭에게 자신이 맏아들 에서라고 속였습니다. 그때 그는 아버지를 속이고, 형을 속였을 뿐만 아니라 스스로도 속이고, 하나님도 속였습니다. 그러나 이제 하나님께 굴복한 그는 더 이상 자신의 있는 모습 그대로를 속이지 않습니다. 우리는 우리 자신을 잘 모를 때가 많습니다. 힘들면서 힘든 줄 모르고, 아프면서 아픈 줄도 모릅니다. 속이면서 속이는 줄도 모르고 살아갑니다. 이것이 바로 자신의 진짜 모습을 제대로 알지 못한 채 살아가는 모습입니다. 그래서 우리는 현실과 직면하지 못하고 이러저리 피해 다니며 환상을 살아갑니다.

그러나 하나님을 만나 씨름하면서 나를 의지하는 환도뼈가 부서질 때 비로소 우리는 우리의 거짓 자아로부터 빠져나올 수 있습니다. "오,

> **책갈피**
>
> - 4장. 느헤미야의 기도(1)에서 하나님을 알고 나를 알 때 무엇을 구해야 하는지 알게 된다는 내용(54쪽)과 이번 장 야곱의 기도에서 하나님 안에서 진정한 자신을 발견하는 대목을 비교해 보며 영적 성장의 의미를 생각해 보라.

하나님! 제가 못났습니다." 그러할 때 그 못남에서 빠져나올 수 있습니다. "아, 하나님! 제가 아픕니다." 그러할 때 그 아픔에서 빠져나올 수 있습니다. "아, 하나님! 제가 슬픕니다." 그러할 때 그 슬픔에서 빠져나올 수 있습니다.

야곱은 "오, 하나님! 미처 몰랐는데 저는 속이는 자였습니다. 완전한 사기꾼이었습니다." 그때 비로소 야곱은 자신에게서 해방되기 시작했습니다. 기도할 때 우리는 하나님을 만나며, 하나님이 우리와 싸워 주십니다. 그 결과 우리는 하나님을 알게 되고 우리 자신을 알게 됩니다. 환상이 아닌 현실을 살게 되는 것입니다. 하나님이 이제 야곱에게 말씀하십니다. "네 이름을 다시는 야곱이라 부를 것이 아니요, 이스라엘이라 부를 것이니"(창 32:28).

새 날

'이스라엘'은 '하나님과 더불어 싸워 이겼다'는 뜻입니다. 그런데 야곱이 하나님을 이겼습니까? 밤새도록 씨름한 끝에 그는 결국 다리를 절게 되었습니다. 이런 모습이 이긴 것이라고 할 수 있을까요?

사실 이 이름에는 단순한 승패를 넘어선 더 깊은 의미가 담겨 있습니다. '하나님을 이겼다'는 것은 하나님을 힘으로 누른 것이 아니라 '하나님을 감동시킨' 것입니다. 하나님이 힘이 없으셔서 야곱에게 밤새도록 붙들려 계신 것이 아니었습니다. 야곱이 지독한 열정으로 하나님을 붙들고 있자, 하나님이 야곱에게 붙잡혀 주시고 "야, 이 녀석아! 감동이다!" 하시면서 야곱의 손을 들어 주신 것입니다. 그래서 이스라엘은 '이 겼다'(win)라기보다는 '성공했다'(succeed) 즉, '일을 성공적으로 마무리했으니 축하한다'를 의미한다고 보아야 합니다.[46]

그 결과 야곱의 이름이 바뀌게 됩니다. 이름이 바뀌는 것은 곧 정체성이 바뀌는 것을 의미합니다. 그는 이제 '야곱', 즉 속이는 자가 아니라 '이스라엘'이 되었습니다. 이스라엘이라는 이름은 '하나님이 다스리신다'(God will rule), '하나님이 보존하신다'는 의미로도 해석됩니다. 이는 하나님이 야곱의 존재를 새롭게 하셨음을 의미합니다.[47] "그(야곱)가 브니엘을 지날 때에 해가 돋았고"(창 32:31)라는 말씀은 야곱의 인생에서 새로운 날이 시작되었음을 의미합니다.

하나님을 만나고 야곱의 존재가 새로워지자, 즉, 속이는 자가 이스라엘 하나님의 다스리심을 받는 자가 되자, 그에게 새로운 날이 시작됩니다. 그는 더 이상 선물 공세로 에서 앞에 나아가려 하지 않습니다. 속이는 자가 아닌 하나님의 다스리심을 받는 자가 되자 그는 당당히 에서를 만납니다. 처음에 야곱은 도망자로 살았습니다. 그리고 20년간 나그네로 살았습니다. 그러나 이제 고향으로 가는 도중 하나님을 만난 후에는 순례자로 살아가게 됩니다.

유대교 분파인 하시디즘에서 전해 내려오는 옛 이야기가 있습니다. 어느 날 랍비가 제자들에게 물었습니다. "밤이 끝나고 동트는 시간을 언제로 볼 수 있겠느냐?"

한 제자가 말했습니다. "멀리서 개와 양을 구분할 수 있는 때가 아닐까요?"

랍비는 말합니다. "아니다."

또 다른 제자가 말했습니다. "무화과나무와 포도나무를 구별할 수 있을 때가 아닐까요?"

랍비는 고개를 저었습니다. "그 역시 아니다."

제자들이 물었습니다. "그럼 언제입니까?"

그러자 랍비는 이렇게 말했습니다. "동이 밝게 트는 때는 네 주위 모든 사람이 원수가 아닌 형제 자매로 보이는 바로 그때다. 주위 모든 사람이 나의 형제와 자매로 보일 때까지는 우리에게 어두움이 계속될 것이다."

> **핵심 내용**
>
> - 사람은 살아온 대로 살아가기 마련이지만 하나님을 만날 때 전환기를 맞이하게 된다.
> - 하나님은 우리의 모습 중 하나님의 마음에 합한 부분은 편들어 주시고, 하나님의 마음에 합하지 않은 부분은 싸워 주신다.
> - 하나님과 씨름하는 기도를 하면서 나를 의지하는 환도뼈가 부서질 때 비로소 거짓 자아로부터 빠져나와 환상이 아닌 현실을 살아갈 수 있다.
> - 하나님을 만나 하나님의 다스리심을 받을 때 우리의 존재가 새로워지고 새로운 날이 시작된다.
> - 가장 큰 기도 응답은 우리의 존재가 새로워지는 것이다.

우리는 지금 무엇을 위해 기도하고 있습니까? 상황이 바뀌기를 바랍니까? 그러나 가장 큰 응답은 나의 존재가 새로워지는 것입니다. 나의 존재가 새로워지지 않았는데 어떻게 나를 둘러싼 환경과 내가 맺고 있는 관계가 새로워질 수 있겠습니까?

얍복강 가에서 환도뼈가 부러져 절룩거리는 우리를 향해 하나님은 말씀하십니다. "너희는 나의 사랑하는 아들과 딸이다. 더 이상 두려워하는 자로 살아가지 말고 나의 사랑을 받는 나의 자녀로 살아가라. 그것이 바로 너다."

놀랍게도 야곱의 새로운 이름 이스라엘은 한 나라의 이름이 됩니다. 우리가 기도하며 주님을 가까이 할 때마다 우리의 인생 여정은 때론 벧엘이 되기도 하고, 때론 얍복강 가가 되기도 할 것이며, 거기서 하나님은 우리에게 새로운 정체성과 새 날을 주실 것입니다.

기도 살아가기 ㉑

기도 돌아보기
- 하나님이 나의 어떤 모습과 싸우시고 어떤 모습을 편들어 주실지 생각해 보라.

- 나는 (위로와 용기가 필요한) 벧엘과 (하나님의 은혜로 살아왔으나 내 힘으로 산 것처럼 착각한) 얍복강 중 어느 지점에 서 있는가?

영적 지도
- 기도 중에 내게 붙들려 주시는 주님을 간절히 붙들며 "야, 이 녀석아! 감동이다!" 하시는 주님의 음성에 귀 기울여 보라.

더 읽어 볼 책
- 이경용, 『야곱의 기도』(두란노).

6부

기도의 완성
-하나님-

한 사람이 하나님을 사랑하게 되었다면
이는 하나님이 그 영혼을 먼저 사랑해 주셨기 때문입니다.

하나님의 사랑에 반응해 기도하는 쪽은 기도자이지만
그 기도를 이끌어 가시는 분은 하나님이십니다.

기도자와 하나님의 상호 작용은 미묘하게 뒤섞여 있으나
기도가 깊어질수록 기도자는 점점 수동적이 되고
하나님은 기도를 주도하셔서 기도의 목적을 이루십니다.

기도의 완성은 우리의 소원 성취가 아니라
하나님이십니다.

22　성막 기도

> 낮에는 여호와의 구름이 성막 위에 있고
> 밤에는 불이 그 구름 가운데에 있음을
> 이스라엘의 온 족속이 그 모든 행진하는 길에서
> 그들의 눈으로 보았더라.
> 출애굽기 40:38

하나님이 주시는 가장 귀한 것

하나님께 받을 수 있는 가장 귀한 선물은 무엇일까요? 그것은 바로 하나님 자신입니다. 그런데 어린 아이들이 부모님이 사 주시는 선물을 부모님보다 더 즐거워하듯이 연약한 우리는 하나님보다 하나님이 주시는 선물을 더 즐거워하곤 합니다. 참 감사한 것은 그러한 우리의 부족함과 관계없이 하나님은 한결같이 하나님 자신을 우리에게 내주신다는 사실입니다. 출애굽 직후 하나님은 이스라엘 백성과 광야 횡단을 함께하기 위해 친히 거하실 처소인 성막을 이스라엘 진중에 마련하셨습니다.

구원의 시공간, 성막

성경에는 구원을 위한 시공간이 등장합니다. 예를 들면 노아의 방주, 성막, 예수 그리스도의 임재 등입니다. 방주 바깥, 성막 바깥, 예수 그리스도 바깥에는 구원이 없습니다. 반면 방주 안, 성막 안, 예수 그리스도 안에는 구원이 있습니다. 하나님은 오늘도 우리를 죄가 지배하는 시공간에서 은혜가 통치하는 시공간으로 부르고 계십니다. 기도를 '하나님과의 관계'라 한다면 성막은 인간이 하나님과 관계 맺기 위해 반드시 거쳐야 할 경로를 자세히 알려 줍니다. 성막의 성물들을 하나하나 살펴보고 그 의미를 배우다 보면 하나님과 깊이 사귀는 법을 안내받게 됩니다.

번제단

하나님의 품인 성막 뜰에 들어가 가장 처음 마주치는 번제단은 하나님과의 관계가 시작되는 곳입니다. 성막에 들어간 사람은 가축에게 자신의 죄를 전가시킨 후 그 가축을 번제단 위에 태워 드리면서 하나님을 알게 됩니다. 그곳에서 나의 죄를 미워하셔서 불로 소멸하시는 하나님, 나의 죄를 용서해 주시는 하나님을 만납니다. 동시에 나 자신이 죄로 인해 죽을 수 밖에 없는 죄인이자 용서받은 사람임을 자각하게 됩니다. (솔로몬, 아브라함, 히스기야, 느헤미야 등) 성경 인물들의 기도가 하나님을 알고 자신을 아는 데서부터 시작된 것처럼, 성막에서 이뤄지는 하나님과의 교제 역시 하나님이 구원자이심을 알고, 내가 죄인임을 아는 데서 시작됩니다.

물두멍

번제단을 통과한 다음 마주하게 되는 기구는 물두멍입니다. 물두멍은 물을 담는 커다란 그릇으로, 손과 발을 씻는 데 사용되었습니다. 여기서 물두멍은 죄를 씻어 내기 위한 회개를 의미합니다. 번제단에서 죄를 태웠는데 왜 다시 물두멍에서 죄를 씻어야 하는 것일까요?

번제단에서 제물을 불사르고 이제 죽지 않게 되었다고 해서 다시는 죄를 짓지 않게 된 것은 아닙니다. 예수 그리스도께서 십자가에서 대속의 은혜를 베푸신 이후 우리가 죄를 짓지 않게 되었습니까? 우리는 여전히 죄를 짓고 살아가고 앞으로도 죄를 지으며 살게 될 것입니다.

그래서 우리는 계속 죄를 씻고 회개해야 하는데 그와 같은 은혜는 물두멍에서 받을 수 있습니다. 그리스도인이란, 회개할 필요가 없게 된 사람들이 아니라 계속 회개할 수 있게 된 사람입니다. 번제단에서 죄인이 의인으로 신분이 변화되었다면(칭의), 물두멍에서는 의인으로 살기 위해 계속 씻을 수 있게 된 것입니다(성화). 회개의 완성은 하나님께 있습니다(16장. 에스라의 기도). 우리의 회개가 아닌 하나님의 용서에 우리의 희망이 있습니다(15장. 다니엘의 기도). 하나님은 번제단과 물두멍에서 죄인의 옷을 벗기시고 의인의 옷을 입히신 다음, 하나님의 얼굴을 볼 수 있도록 성소로 불러 주십니다

진설병 상

성소 안에 들어가자마자 처음으로 마주하게 되는 것이 진설병 상입니

다. 이방 종교에서 인간이 신에게 차려 드리는 제사상과는 반대로 진설병 상은 하나님이 이스라엘 백성에게 차려 주신 떡 상입니다. 상 위에 올리는 떡은 주님을 위한 것이 아니라 이스라엘 백성을 위한 것이었기 때문입니다. 하나님은 밥상을 차려 주시며 말씀하십니다. "나는 너희를 먹여 살리는 여호와 하나님이다."

그에 대해 우리는 주기도문의 "오늘 우리에게 일용할 양식을 주옵시고"로 화답할 수 있습니다. "우리는 자기 충족적 존재가 아닙니다. 하나님을 의지할 때 가장 안전합니다"(23장. 예수님이 가르쳐 주신 기도). 우리가 누리고 있는 것들 중 하나님이 우리에게 주시지 않은 것이 무엇입니까? 우리는 진설병 상 앞에서 우리 인생을 책임져 주시는 하나님을 만날 수 있습니다.

금등잔

성소에 들어오면 우측에는 진설병 상이 있고, 그 맞은편에는 금등잔이 놓여 있습니다. 성경에서 빛과 금은 하나님의 임재를 상징합니다. 하나님의 임재의 결과는 안전입니다. 진설병 상 앞에서 우리를 먹여 주시는 하나님을 만났다면 금등잔 앞에서는 우리를 지켜 주시는 하나님을 만납니다. 금등잔에서 우리는 하나님이 그 얼굴을 우리에게 향하여 드사 우리를 지키기 원하시는 분이심(민 6:24-26)을 알게 됩니다.

그러면 우리가 하나님의 임재, 곧 하나님의 빛나는 얼굴을 보려면 어떻게 해야 할까요? 금등잔대는 밑판과 줄기와 꽃받침과 꽃 네 부분으로 구성되어 있는데 망치로 쳐서 늘여 하나로 이어지게 만들었습니다. 이것은 나누어지지 않은 마음을 상징합니다. 즉, 우리가 하나님의 얼굴을 보기 원한다면, 나누어지지 않은 마음을 가져야 한다는 뜻입니다(마 5:8). 엘리야는 하나님도 섬기고 바알도 섬기는 이스라엘 백성에게 나누어지지 않은 마음으로 하나님만을 섬기도록 촉구했습니다(8장. 엘리야의 기도).

분향단

지성소에 들어가기 직전에는 분향단 앞에 서게 됩니다. 산 꼭대기에 구름이 끼어 있듯이 분향단에는 연기와 향기가 가득했습니다. 향기보다 더 신비로운 것은 연기입니다. 분향단의 자욱한 연기 앞에서 이제껏 알고 경험해 왔던 하나님보다 더 크고 놀라우신 하나님과 마주치게 됩니다.

번제단과 물두멍과 떡 상과 금등잔이 긍정신학인 "하나님은 무엇이다"로 접근했다면, 분향단은 부정신학인 "하나님은 그 무엇이 아니다"로 접근합니다. 유창한 언변을 지닌 아론이 긍정신학을 상징한다면, 입이 어눌한 모세는 부정신학을 상징합니다. 그러나 시내산에 올라 하나님을 만나는 자는 아론이 아닌 모세입니다.

여태껏 반석, 요새, 바위, 방패, 구원의 뿔, 산성 등으로 제한해 온 하나님은 산산이 부서지고, 진짜 하나님을 만나는 곳이 바로 분향단입니다. 분향단 앞에서 하나님을 잘 안다고 교만했던 자아가 부서지고 그저 하나님을 놀라워하고 경외하게 됩니다. 욥은 인과응보의 틀을 넘어서는 하나님을 만나면서 귀로 듣기만 했던 하나님을 눈으로 보았고 하나님과 더 깊은 차원의 사귐으로 들어갔습니다(13장. 욥의 기도).

지성소

성막은 뜰, 성소, 지성소 세 부분으로 구성되어 있는데, 그 중에 가장 내밀한 부분이 지성소이고 그 안에 있는 언약궤가 성막의 핵심입니다. 언약궤 안에 들어 있는 세 가지는 십계명, 만나, 아론의 싹난 지팡이인데 그 중 가장 중요한 것은 십계명입니다. 하나님이 지성소의 언약궤 위에 임재하신다는 것은 십계명 위에 임재하신다는 뜻이며, 십계명 위에 임재하시는 하나님은 십계명대로 행하는 백성 가운데 임재하십니다. 모세가 하나님과 함께 이스라엘 백성을 사랑하고 중보할 때 하나님의 얼굴을 보며 사귈 수 있었던 것처럼(19장. 모세의 기도), 우리가 하나님을 사랑하고 이웃을 사랑하는 십계명의 삶을 살 때 하나님의 임재를 체험하며 기도를 응답받습니다.

신비롭게도 언약궤에는 이 궤를 맬 때 쓰는 채가 계속 끼워져 있었습니다. 이는 하나님의 임재가 한 곳에 고정될 뿐만 아니라 계속해서 움직인다는 것을 의미합니다. 매일의 삶 가운데 우리의 성막을 해체하고 조립하면서 하나님을 사랑하고 이웃을 사랑하는 그 현장에 임하시는 하나님과 동행하는 기도를 살아갈 수 있길 바랍니다.

기도 살아가기 ㉒
-성막 기도의 실제-

1. 번제단 앞에서 기도하기

우리를 의롭다 하시는 하나님 아버지, 제 힘으로 죄 문제를 해결해 보려고 했지만 할 수 없었습니다. 하나님의 거룩한 불로 죄를 소멸해 주셔서 죄인이 아닌 하나님의 자녀로 살게 하소서.

2. 물두멍 앞에서 기도하기

우리로 하나님을 닮게 하시는 하나님 아버지, 죄 사함을 받은 후 회개할 필요가 없게 된 것이 아니라, 계속 회개할 수 있게 되었습니다. 불로 죄의 옷을 불태워 벗기셨으니 의의 옷을 덧입혀 주소서.

3. 진설병 상 앞에서 기도하기

우리를 먹여 주시는 하나님 아버지, 스스로를 책임지느라 이웃의 것을 빼앗기만 하고 내 것을 나누지 못했습니다. 날마다 일용할 양식을 주시는 주님 안에서 안전을 누리며 이웃을 돌보게 하소서.

4. 금등잔 앞에서 기도하기

우리를 지켜 주시는 하나님 아버지, 하나님의 얼굴 빛을 비추어 주사 주님의 임재 안에 안전히 거하며, 시험에 빠지지 않게 하시고, 악에서 구하소서

5. 분향단 앞에서 기도하기

놀라우신 하나님 아버지, 당신께서는 인간이 만든 우상이 되기를 거절하십니다. 우리의 무지를 깨뜨리시고, 진정한 하나님을 알게 하소서.

6. 지성소 앞에서 기도하기

사랑의 하나님 아버지, 하나님을 사랑하고 이웃을 사랑하는 모든 시공간이 하나님이 임재하시는 지성소임을 알게 하소서.

23 예수님이 가르쳐 주신 기도

> 그런즉 너희는
> 먼저 그의 나라와 그의 의를 구하라.
> 그리하면 이 모든 것을 너희에게 더하시리라.
> 마태복음 6:33

수평적 왕복 운동에서 수직적 상승 운동으로

이스라엘 백성은 광야에서 시종일관 모세에게 불평하고 하나님께 반역했습니다. 그 이유는 하나님을 바라보는 수직적 상승 운동이 아닌 광야의 열악한 상황만 바라보는 수평적 왕복 운동을 반복했기 때문입니다. 사람들은 자신에게 유익한 은혜를 선택할 것 같지만 실제로는 익숙한 죄를 자주 선택합니다. 그렇기 때문에 사람들에게 구원이 필요합니다. 죄의 길이 아닌 은혜의 길로 나아가기 위해서는 수직적 상승 운동을 해야 하는데 그것이 바로 기도입니다.

반드시 해야 하는 기도

때때로 우리는 스스로를 위해 무엇을 구해야 할지 모를 때가 많습니다. 그러나 기도를 하다 헤맨다 하더라도 일단 기도를 시작해야 합니다. 그래야 하나님이 우리의 기도를 인도하셔서 결국 구해야 할 것을 구하게 하시고 응답해 주시기 때문입니다. 솔로몬도 일천번제의 기도를 드리던 끝에 하나님의 인도하심을 받아 하나님의 마음에 합한 기도를 드릴 수 있었습니다(참조. 6장. 솔로몬의 기도).

그러면 하나님이 처음부터 우리에게 무엇을 구해야 하는지 알려 주시면 좋지 않을까요? 그런 우리들을 위해 무엇을 구해야 하는지 하나님의 입장에서 알려 주신 기도가 바로 주기도문입니다. 따라서 주기도문은 우리가 해도 되고 안 해도 되는 기도가 아니라, 반드시 해야 하는 기도입니다.

주기도문의 구조	
전반부	후반부
1. 아버지의 이름	1. 일용할 양식
2. 아버지의 나라	2. 죄 용서
3. 아버지의 뜻	3. 시험과 악으로부터의 보호

주기도문 전반부에는 하나님에 관한 기도 세 가지가 나오고, 후반부에는 사람에 관한 기도 세 가지가 나옵니다. 하나님에 관한 기도는 첫

째, 아버지의 이름, 둘째, 아버지의 나라, 셋째, 아버지의 뜻을 구하는 기도입니다. 사람에 관한 기도는 첫째, 일용할 양식, 둘째, 죄 용서, 셋째, 시험과 악으로부터의 보호를 구하는 기도입니다. 주기도문에 있는 내용을 이미 기도하고 있다면 계속하면 되고, 빠진 부분이 있다면 보완하십시오. 그러할 때 수직적 상승 운동이 일어나면서 하나님의 통치를 맛보게 될 것입니다.

기도의 시작 : 하늘에 계신 우리 아버지

기도를 시작할 때 나의 기도를 들으시는 하나님이 어떤 분이신지 잠시 묵상할 때 기도의 방향을 잡을 수 있습니다. 그래서 성경 인물들은 기도를 시작할 때 먼저 기도를 들으시는 하나님이 어떤 분이신지 묵상했습니다. 기도를 시작하며 느헤미야는 하나님이 당신을 사랑하는 자에게 긍휼을 베푸시는 분이심을 기억했고(느 1:5) 히스기야는 하나님이 창조주이심을 떠올렸으며(왕하 19:15) 엘리야는 하나님이 이스라엘의 하나님이심을 선포했습니다(왕상 18:36). 예수님도 주기도문의 시작부터 우리의 기도를 들으시는 분이 "하늘에 계신 우리 아버지"이심을 알려 주십니다. "하늘에 계신"은 하나님의 초월성을 뜻하고, "우리 아버지"는 하나님의 내재성을 의미합니다. 우리는 하나님이 초월자이신 동시에 우리 안에 내재해 계신 분이심을 알아야 합니다.

간혹 환우들의 요청으로 치유를 위해 기도해 드릴 때가 있습니다. 그런데 기도를 마치고 난 후 뜻밖에도 다음과 같은 질문을 하시는 분들이 종종 있습니다. "목사님, 하나님이 치유해 주실 것을 믿고 기도를 받았으니, 병원에 가면 안 되겠지요?" 그럴 때 저는 다음과 같이 하나님의 초월성과 내재성을 설명해 드립니다.

"성도님, 우리가 하나님께 병이 낫게 해 달라고 기도하며, 하나님이 모든 질병을 다스리신다는 것을 신뢰하는 것은 하나님의 초월성을 믿는 믿음입니다. 그러나 하나님이 의사 선생님과 의약품을 통해 우리를 치료해 주신다는 것을 신뢰하는 것은 하나님의 내재성을 믿는 믿음입니다. 따라서 하나님이 초월자이신 동시에 우리 안에 내재하시는 분이심을 믿는다면, 하나님께 병의 치유를 간구하는 동시에 병원에 가서 치료받는 것도 믿음의 길임을 알 수 있습니다."

기도할 때 하나님이 크고 전능하신 분이심(초월성)과 동시에 우리와 가까이 계셔서 세밀하게 역사하시는 분이심(내재성)을 기억한다면 우리의 기도와 삶은 치우침 없이 균형감을 갖게 될 것입니다. 이것이 바로 하나님을 "하늘에 계신 우리 아버지"로 부르며 기도해야 할 이유입니다.

하나님에 관한 기도 1 : 아버지의 이름을 거룩하게

하나님이 어떤 분인지 가르치신 예수님은 이어서 아버지의 이름이 거룩히 여김 받게 해 달라고 기도하도록 가르치셨습니다. 이유가 무엇일까요? 사실 우리가 기도한다고 해서 하나님의 이름이 거룩하게 되지 않으며, 우리가 하나님께 함부로 한다고 해서 하나님의 이름이 비천하게 되지는 않습니다. 하나님의 이름은 하나님이 친히 거룩하게 하십니다(요

12:27). 우리는 다만 하나님의 이름이 거룩히 여김을 받으시기를 기도하면서 하나님의 하나님 되심과 자신의 피조물 됨을 자각하고 올바른 기도의 방향을 잡을 뿐입니다.

그러면, 기도 안에서 아버지의 이름이 거룩히 여김을 받을 때 무슨 일이 일어날까요? 아우구스티누스가 "사람은 그가 찬양하는 대상을 닮아 간다"라고 했듯이, 하나님의 정체성은 우리의 정체성을 결정합니다. 그리스도인은 도둑질이나 거짓말을 피하고, 전쟁에 찬성하지 않습니다. 이것은 단지 하나님께 잘 보이려고 그런 것이 아닙니다. "아버지의 이름이 거룩히 여김을 받으소서"라고 기도할 때 자신이 하나님의 백성이라는 정체성을 발견하기 때문입니다.

미국에서 실제로 있었던 일입니다. 어느 대학생이 자기 가정에서 처음으로 대학에 들어갔습니다. 이 학생을 대학에 보내기 위해 부모님은 많은 고생을 했습니다. 어느 날 마약 딜러가 이 학생에게 접근해 오더니 마약을 권했습니다. 그러자 이 학생은 말했습니다. "나를 대학에 보내기 위해 부모님이 청소부로 일하고 계셔. 내가 여기 있는 것은 부모님 덕분이야. 그분들을 욕되게 하는 일은 나는 할 수 없어."[48] 이 학생은 부모의 희생과 사랑 안에서 자신의 정체성을 발견하고, 그에 따라 행동한 것입니다. 이와 같이 우리도 아버지 하나님의 이름이 거룩히 여김을 받게 해 달라고 기도할 때, 거룩하신 하나님 앞에서 자신의 정체성을 새롭게 발견하게 됩니다.

앗수르의 산헤립이 남유다에 쳐들어와 하나님을 모독했을 때, 히스기야는 하나님의 명예를 위해 기도했습니다. 그 결과 그는 주 여호와만이 홀로 하나님이시라고 고백하는 정체성을 지니게 됩니다(3장. 히스기야의 기도).

하나님에 관한 기도 2 : 아버지의 나라

주기도문의 가장 핵심이 되는 기도는 '아버지의 나라를 구하는 것'입니다. 여기서 '나라'는 '하나님의 통치'를 의미합니다. 우리는 하나님의 통치를 구하고, 하나님의 다스림을 받으며, 하나님 나라를 살아갈 수 있습니다. 지난 한 주간 누구의 영향을 받으며 살았습니까? 지금 무엇이 나를 다스리고 있습니까? 분노와 상처가 나를 지배하고 있습니까? 그럴 때는 "하나님만 저를 다스려 주십시오"라고 기도하며 하나님의 통치를 구하기 바랍니다. 가정에 불화가 있다면, "우리 가정에 하나님 나라가 임하게 하소서"라고 기도할 수 있습니다. 사람은 하나님의 통치를 받을 때, 가장 자유롭고 진정한 인간이 될 수 있습니다. 야곱이 얍복 강가에서 하나님과 씨름한 결과 속이는 자 야곱에서 하나님이 다스리시는 이스라엘로 새롭게 변화되었습니다(21장. 야곱의 기도).

> **책갈피**
>
> - 1장에 다룬 하나님의 두 가지 속성(공의와 사랑)과 이번 장에서 다룬 하나님의 초월성과 내재성을 균형 있게 이해하는 것의 중요성을 생각해 보라.

하나님에 관한 기도 3 : 아버지의 뜻

우리는 왜 하나님의 뜻이 하늘에서와 같이 땅에서도 이루어지게 해 달라고 기도해야 할까요? 그 이유는 하나님의 뜻이 이 땅 가운데서 잘 이루어지지 않고 있기 때문입니다. 나의 뜻은 자기중심적이고 눈앞의 이익에만 집착하는 경향이 있는 반면, 하나님의 뜻은 모두에게 유익하고 장기적으로 더 선합니다. 요나의 뜻은 니느웨가 망하는 것이었지만, 하나님의 뜻은 니느웨를 구원하시는 것이었습니다(12장. 요나의 기도). 가나안 여인의 뜻은 귀신 들린 딸이 예수님께 고침받는 것이었지만, 예수님의 뜻은 딸을 치유해 줄 뿐만 아니라 여인에게 믿음을 주시는 것이었습니다(11장. 가나안 여인의 기도).

하나님에 관한 두 번째 기도와 세 번째 기도, 즉 아버지의 나라를 구하는 것과 아버지의 뜻을 구하는 것은 사실 같은 맥락입니다. 왜냐하면 하나님의 통치가 임할 때 하나님의 뜻이 이루어지기 때문입니다. 그러면 이렇게 하나님의 통치를 받은 결과는 무엇일까요? 주기도문 후반부에 나오는 일용할 양식, 죄 용서, 그리고 시험과 악으로부터의 구원을 얻게 됩니다.

사람에 관한 기도 1 : 일용할 양식

하나님의 통치를 받은 첫 번째 결과는 '일용할 양식'입니다. 일용할 양식은 일용할 배부름과 일용할 배고픔을 가져옵니다. 하나님이 나의 생명을 보존해 주실 것이라는 믿음이 있을 때 비로소 오늘 하루 일용할 배부름을 얻을 수 있습니다. 그로 인해 이웃을 돌아볼 수 있는 은총이 바로 일용할 배고픔입니다. 주기도문의 주어는 '우리'입니다. 하나님이 우리를 다스려 주실 때 오늘 나에게, 그에게, 우리 모두에게 일용할 양식을 구할 수 있게 됩니다. 아브라함은 하나님이 의인을 돌보시는 분이라는 신뢰, 즉 배부름을 가지고 소돔과 고모라라는 이웃의 배고픔을 위해 중보할 수 있었습니다(2장. 아브라함의 기도).

사람에 관한 기도 2 : 죄 용서

우리는 누군가에게 잘못하며 살아가고, 또 누군가는 우리에게 잘못하며 살아갑니다. 그래서 우리는 용서하고 용서받으며 살아야 하지요. 그러나 실상은 원수를 갚고 원수 갚음을 당하며 살고 있지 않습니까?

오직 하나님이 우리를 다스려 주실 때, 용서할 수도 있고 용서를 구할 수도 있습니다. 많은 그리스도인이 이 기도를 부담스럽게 여기는 이유는 "우리가 우리에게 죄 지은 자를 사하여 준 것같이 우리 죄를 사하여 주시옵고"를 마치 내가 용서해 준 만큼 나도 용서받을 수 있다는 의미로 오해하기 때문입니다.

그러나 헬라어 원문은 동시성 완료형 시제로 표현되어 있습니다. 이는 단순한 순서를 말하는 것이 아니라 하나님의 용서와 우리의 용서 행위가 서로 깊이 연결되어 있음을 나타냅니다. 즉, "하나님께 용서받은 자로서 누군가를 용서하는 것이 마땅하다"를 의미합니다. 달리 말하면, 우리가 하나님께 용서를 간구할 때, 동시에 자신의 죄를 버릴 각오가

동반되어야 한다는 뜻입니다. "하나님, 저의 죄를 용서해 주세요"라고 하면서 "하지만 저 사람은 절대 용서 못합니다" 하고 마음속으로 앙갚음을 품고 있다면, 이는 결국 용서를 간구하면서도 용서를 거부하는 모순된 상태가 되는 셈입니다. 그런 태도는 곧 하나님의 용서를 거절하는 것이기도 합니다.[49]

대개 우리는 하나님께 용서받았으면서도 남을 용서하지 못하는, 자아가 분열된 상태에서 살아갑니다. 하나님의 통치를 받을 때 우리는 자아가 통합되어 용서받았기에 용서하는 삶을 살게 됩니다. 그렇기에 이 기도에는 다음과 같은 의미도 있습니다. "하나님께 용서받았으면서 누군가를 용서하지 못하는 우리의 분열된 자아를 구원해 주소서!"[50]

사람에 관한 기도 3 : 시험과 악으로부터의 보호

주기도문은 인생의 세 차원을 보여 줍니다. 첫 번째 차원은 초월적인 부분으로, 전반부에서 구하는 하나님의 이름, 하나님의 나라, 하나님의 뜻이 여기 포함됩니다. 두 번째 차원은 인간적인 부분으로 후반부에서 구하는 먹고 사는 문제와 사람들 사이의 갈등으로 인한 용서가 여기 포함됩니다. 세 번째 차원은 악한 영들과의 관계에서 발생되는 시험과 악으로부터의 보호가 여기에 속합니다. 누가복음의 주기도문은 "우리를 시험에 들게 하지 마옵소서"(눅 11:4)라고 되어 있으며, 마태복음의 주기도문은 "다만 악에서 구하시옵소서"(마 6:13)라고 되어 있으나 하나의 맥락으로 볼 수 있습니다.

현대 사회의 문제는 악의 평범성에 있습니다. 악을 행하기 위해 꼭 괴물이 되어야 하는 것은 아닙니다. 악이 너무 자연스럽다는 것이야말로 큰 시험거리가 아닐 수 없습니다. 하나님의 통치를 받지 않는 인간은 쉽게 인간성을 상실하고 악해진 결과 이웃을 시험합니다. 우리는 평범하고 무심하게 악의 지배에 들어가 누군가를 시험에 들게 할 수 있기 때문에 절실하게 기도해야 합니다. "시험과 악에서 구하소서!" 그러나 단지 악하지 않는 데 그치는 것이 아니라 하나님의 통치 가운데 적극적으로 선을 행하며 살 때 선으로 악을 이기게 될 것입니다.

주기도문은 단순한 우연이 아닌 의도에 따라, 끝으로 갈수록 더욱 절실하고 간절하게 기도해야 할 내용이 배치되어 있습니다. 로흐만은 주

> **핵심 내용**
>
> - 하나님의 초월성과 내재성을 기억할 때 균형 있는 기도의 방향을 갖게 된다.
> - 하나님의 이름의 거룩을 위해 기도할 때, 자신에 대해 바른 정체성을 갖게 된다.
> - 하나님의 통치를 받을 때 가장 자유롭고 진정한 인간이 될 수 있다.
> - 일용할 양식을 구할 때, 일용할 배부름과 일용할 배고픔을 응답받을 수 있다.
> - 하나님의 통치를 받을 때, 용서받은 자로서 용서하며 살아가게 된다.
> - 하나님의 통치 가운데 시험과 악에서 벗어나는 것 이상으로 적극적으로 선을 행할 때 악을 이길 수 있다.

기도문으로 기도할 때 뒤로 갈수록 절규하며 기도해야 한다고 했습니다.[51] 오늘 우리에게 일용할 양식을 주시옵고(약), 우리가 우리에게 죄 지은 자를 사하여 준 것같이 우리 죄를 사하여 주시옵고(중), 우리를 시험에 들게 하지 마시옵고 다만 악에서 구하소서!(강)

주기도문의 마지막은 찬양으로 끝납니다. 성경 본문에는 나와 있지 않지만, 주기도문 찬양 가사는 "대개 주의 나라, 주의 권세, 주의 영광 영원히"라고 되어 있습니다. "대개"는 "왜냐하면, … 때문입니다"라는 의미로, 지금까지 드린 여섯 가지 기도의 이유이자 근거를 밝히는 말입니다. 우리가 하나님의 이름과 나라와 뜻을 구하고, 일용할 양식과 죄 용서와 시험과 악으로부터의 보호를 구하는 것은, 나라와 권세와 영광이 하나님께 있어 그 모든 것이 가능하기 때문입니다. 주기도문의 여섯 가지 기도가 이루어지는 것은 우리에게 달려 있는 것이 아니라 하나님께 달려 있다는 귀한 고백입니다(8장. 엘리야의 기도).

기도의 삶은 우리 자신이 아닌 하나님께 달려 있습니다.

기도 살아가기 ㉓

기도 돌아보기
- 주기도문 중에 나의 개인 기도에서 빠져 있는 기도는 무엇인가?

- 주기도문 중에서 나의 개인 기도에 포함되어 있는 기도는 무엇인가?

영적 지도
- 주기도문 중에서 나의 개인 기도에서 빠져 있는 기도를 보완해 보라.

더 읽어 볼 책
- 김세윤, 『주기도문 강해』(두란노).
- 김세윤, 김회권, 정현구, 『하나님 나라 복음』(새물결플러스).

23가지 질문과 답변으로 기도 살아 보기

> 이 책에는 오늘날 신앙인들이 마주하는 기도에 대한 다양한 고민이 담겨 있습니다.
> 각 고민과 질문에 대한 통찰과 응답은 본문 여러 장에서 다루고 있으며,
> 이 부록에 질문별로 참고할 만한 장과 소제목을 정리해 두었습니다.

1. 그리스도인답게 변화된 삶을 살려면 어떻게 기도해야 할까요?

   🔍 **찾아보기** 1장. 솔로몬의 기도 "하나님과의 관계가 발전할 때 삶이 변화된다"

2. 믿지 않는 가정에서 태어나 홀로 신앙 생활을 하고 있습니다. 믿음이 연약한 저 한 사람이 가족들의 구원을 위해 기도하는 것이 의미가 있을까요?

   🔍 **찾아보기** 2장. 아브라함의 기도 "의인의 무게" 미주 8

3. 중보 기도는 어떻게 해야 하나요?

   🔍 **찾아보기** 2장. 아브라함의 기도 "중보 기도는 이웃 사랑이다", 19장. 모세의 기도 "중보 기도의 3단계"

4. 기도하면서도 걱정과 근심을 놓지 못합니다. 하나님을 신뢰하면서 기도하려면 어떻게 해야 하나요?

   🔍 **찾아보기** 3장. 히스기야의 기도 "기도의 빈익빈 부익부 현상", 20장. 여호사밧의 기도 "기억하고 기대하는 기도의 원리"

5. 하나님은 어떻게 기도에 응답해 주시나요?

🔍 **찾아보기** 2장. 아브라함의 기도 "기도와 응답으로 하나님을 알아 가다"

6. 가끔 무엇을 어떻게 기도해야 할지 몰라 중언부언하곤 합니다. 무엇을 구해야 할지 어떻게 알 수 있을까요?

🔍 **찾아보기** 4장. 느헤미야의 기도 "하나님을 알고 나를 알 때 발견하는 기도", 3장. 히스기야의 기도 "한 손에는 성경을, 다른 한 손에는 신문을"

7. 어차피 하나님 뜻대로 될 텐데 왜 기도해야 하나요?

🔍 **찾아보기** 5장. 야베스의 기도 "기도를 중단하는 이유"

8. 기도하며 살아갈 때와 기도하지 않고 살아갈 때의 차이는 무엇인가요?

🔍 **찾아보기** 5장. 야베스의 기도 "하나님의 역사를 살아가다"

9. 내 영혼에 꼭 필요한 기도를 하려면 어떻게 해야 할까요?

🔍 **찾아보기** 6장. 솔로몬의 기도 "내 영혼에 필요한 기도는?"

10. 주기도문에서 배울 수 있는 기도의 원리는 무엇인가요?

🔍 **찾아보기** 6장. 솔로몬의 기도 "기도의 원리 : 솔로몬이 주기도문을?"

11. 너무 바빠서 기도를 짧게 하곤 합니다. 기도를 오랜 시간 해야 하는 이유는 무엇인가요?

🔍 **찾아보기** 7장. 한나의 기도 "한나의 기도법"

12. 저녁을 금식했다가 야식을 먹으면 저녁에 금식한 것이 무효가 되나요?

🔍 **찾아보기** 8장. 엘리야의 기도 "중언부언하는 기도란?"

13. 교회에서 직분을 받았습니다. 부족하고 능력이 없는데 어떻게 기도하면 좋을까요?

🔍 **찾아보기** 9장. 병든 아들을 둔 아버지의 기도 "능력은 관계성에서 나온다"

14. 부모님이 오랜 기간 투병하다가 소천하셨습니다. 건강의 회복을 위해 기도했는데 잘못 기도한 것일까요?

🔍 **찾아보기** 10장. 히스기야의 기도(2) "열린 미래와 닫힌 미래", 14장. 다윗의 기도

15. 하나님은 왜 좀처럼 기도에 응답해 주지 않으실까요?

🔍 **찾아보기** 11장. 가나안 여인의 기도

16. 고난 가운데 있습니다. 교회에서 배운 대로 회개 기도와 감사 기도를 했지만 속이 후련하지 않고 왠지 하나님과 거리감이 느껴지기만 합니다. 이럴 때는 어떻게 기도해야 할까요?

🔍 **찾아보기** 13장. 욥의 기도 "탄식, 하나님과의 인격적인 관계로 들어가는 문"

17. 하나님 앞에 죄를 저지르고 회개 기도를 반복하는 것이 염치 없게 여겨집니다. 계속 회개 기도를 해야 할까요?

🔍 **찾아보기** 14장. 다윗의 기도 "회개의 근거, 하나님의 사랑", 16장. 에스라의 기도 "죄 용서의 주도권"

18. 반복되는 죄에서 벗어나려면 어떻게 기도해야 할까요?
🔍 **찾아보기** 17장. 느헤미야의 기도(2) "더 큰 갈망을 갖는 법" "더 큰 갈망의 승리"

19. 기도 중에 들려오는 음성이 나의 음성인지, 악한 영들의 음성인지, 하나님의 음성인지 어떻게 분별할 수 있나요?
🔍 **찾아보기** 18장. 하박국의 기도 "기도와 영 분별"

20. 미워하는 사람을 위해서는 어떻게 기도해야 하나요?
🔍 **찾아보기** 19장. 모세의 기도 "대도"

21. 교우들과 함께 중보 기도를 했지만, 원치 않는 응답 앞에 마음이 어렵습니다. 왜 이렇게 된 걸까요?
🔍 **찾아보기** 19장. 모세의 기도 "중보 기도의 열매", 18장. 하박국의 기도 "하나님의 뜻을 껴안으려면"

22. 모세처럼 하나님의 얼굴을 보려면 어떻게 기도해야 할까요?
🔍 **찾아보기** 19장. 모세의 기도 "하나님의 얼굴을 보려면"

23. 하나님께 질병을 고쳐 달라고 기도하고 병원에 가서 치료받는 것은 믿음 없는 행위인가요?
🔍 **찾아보기** 23장. 예수님이 가르쳐 주신 기도

참고 도서

국내도서

1. 김세권, 『삶을 흔드는 창세기』(크리쿰북스).
2. 김세윤, 『주기도문 강해』(두란노).
3. 김영봉 『사귐의 기도를 위한 선집』(IVP).
4. 김영선, 『기도로 신학하기, 신학으로 기도하기』(생활성서).
5. 김혜윤, 『두려움이 삶을 삼켜버려도』(성서와 함께).
6. 박영선, 『박영선의 기도』(무근검).
7. 배희숙, 『역대하』(대한기독교서회).
8. 송봉모, 『집념의 인간 야곱』(바오로딸).
9. 양명수, 『욥이 말하다』(분도출판사).
10. 엄두섭, 『신비주의자들과 그 사상』(은성).
11. 유해룡, 『예수님과 사귀라』(두란노).
12. 임영수, 『열흘동안 배우는 주기도문 학교』(홍성사).
13. 이경용, 『말씀묵상기도』(예수전도단).
14. 이후정, 『이후정 교수가 쉽게 쓴 기독교 영성 이야기』(신앙과지성사).
15. 김세윤, 김회권, 정현구, 『하나님 나라 복음』(새물결플러스).
16. 최주훈, 『루터의 재발견』(복있는사람).

외국도서

1 . Newsome, Carol A. *The Book of Job* (Nashville : Abingdon Press, 1996).

번역서

1. 고든 스미스, 『분별의 기술』(사랑플러스).
2. 구스따보 구띠에레스, 『욥에 관하여』(분도).
3. 도널드 블러쉬, 『기도의 신학』(한국장로교출판사).
4. 데니스 린 외, 『우리의 하나님 이미지 치유하기』(은성).
5. 볼프하르트 판넨베르크, 『판넨베르크 조직신학 Ⅲ』(새물결출판사).
6. 빅터 P. 헤밀턴, 『출애굽기』(솔로몬).
7. C. S. 루이스, 『네 가지 사랑』(홍성사).
8. C. S. 루이스, 『피고석의 하나님』(홍성사).
9. C. S. 루이스, 『순전한 기독교』(홍성사).
10. C. S. 루이스, 『개인 기도』(홍성사).
11. 스탠리 게일, 『여호사밧의 기도』(규장).
12. 프레드 크릭스, 『기도에 대한 다섯 가지 응답』(IVP).
13. 엘리자베스 리버트, 『영적 분별의 길』(좋은씨앗).
14. 오스카 쿨만, 『기도』(대한기독교서회).
15. 월터 브루그만, 『구약의 위대한 기도』(성서유니온).
16. 제임스 패커, 『제임스 패커의 기도』(IVP).
17. 브루스 윌킨스, 『야베스의 기도 : 내 삶을 기적으로 채우는 원리』(디모데).
18. 브루스 윌킨스, 『야베스의 기도』(디모데).
19. 리차드 넬슨, 『현대성서주석, 열왕기상하』(한국장로교출판사).
20. 마리온 마이어스, 『내 감정 ABC』(죠이선교회).
21. A. W. 토저, 『하나님을 추구함』(생명의말씀사).
22. 월터 브루그만, 『창세기』(한국장로교출판사).
23. 윌리암 A. 배리, 『하느님과 그대』(가톨릭 출판사).
24. 윌리엄 쉐넌, 『깨달음의 기도』(은성).
25. 유진 피터슨, 『다윗 : 현실에 뿌리박은 영성』(IVP).

26. 존 프리처스, 『기도』(비아).
27. P. T. 포사이스, 『영혼의 기도』(복있는사람).
28. 케네스 베일리, 『중동의 눈으로 본 예수』(새물결플러스).
29. 케네스 리치, 『마음으로 드리는 기도』(은성).
30. 크리스토퍼 라이트, 『크리스토퍼 라이트의 다니엘서 강해』(CUP).
31. 크리스 헤지스, 『파멸의 시대, 저항의 시대』(씨앗을뿌리는사람).
32. 디트리히 본 회퍼, 『신도의 공동생활』(대한기독교서회).
33. 리처드 포스터, 『영적 훈련과 성장』(생명의말씀사).
34. 헨리 나우웬, 『여기 지금 우리와 함께하시는 하나님』(은성).
35. 존 달림플, 『단순한 기도』(은성).
36. 스탠리 하우어워스, 『주여, 기도를 가르쳐 주소서』(복있는사람).
37. J. M. 로흐만, 『주기도문 강해 기도와 정치』(대한기독교서회).
38. 마이클 케이시, 『거룩한 책읽기』(성서와 함께).
39. 노리치의 줄리안, 『사랑의 계시』(은성).
40. 저자 미상, 『이름 없는 순례자』(가톨릭출판사).

논문

김선종, "야베츠의 기도 재고"(한국신학정보연구원, 2015).
클라우스코흐, "묵시 문학과 종말론", 〈기독교사상〉 25(1981, 9).

미주

1 최주훈, 『루터의 재발견』(복있는사람, 2017), p. 69.
2 성 카타리나 수도원에 있는 판토크라토르 이콘
3 성경에서도 이러한 균형을 보여 준다. 예를 들어 사무엘하 7장의 다윗 언약이나 예수 그리스도의 구속의 은혜는 하나님의 무조건적인 사랑을 강조한다. 반면, 신명기의 율법과 신명기계 역사서인 여호수아서, 사사기, 사무엘서, 열왕기서 등은 하나님의 공의를 바탕으로 한 조건적인 은혜를 말한다. 하나님께 순종하면 복을 받고, 불순종하면 징계를 받는다는 원리가 여기에 해당한다.
4 1. 이웃에게 범죄했을 때 하나님이 죄인과 의인에게 각각 그 행위대로 갚아 주시기를 구했다(8:32). 2. 이스라엘이 범죄로 인해 적국에 패배했을 때 성전을 향해 회개 기도를 하면, 용서해 주시기를 기도했다(8:33). 3. 이스라엘 백성이 죄를 지어 비가 내리지 않을 때, 죄에서 떠나 성전을 향해 기도하면, 용서해 주시기를 기도했다(8:35-36). 4. 자연 재해가 발생했을 때, 성전을 향해 기도하면 각 사람의 행위에 따라 응답해 주시기를 요청했다(8:37-39). 5. 이방인들이 성전에서 기도할 때 하나님이 그들의 기도에도 응답해 주시기를 간구했다(8:41-43). 6. 적국과의 전쟁을 앞두고 있을 때 하나님이 기도를 들으시고 응답해 주시기를 요청했다(8:44-45). 7. 하나님께 범죄하여 이스라엘이 적국에 포로로 잡혀갔을 때, 성전을 향해 회개하며 기도하면 용서해 주시기를 간구했다(8:46-50).
5 C. S. 루이스, 『네 가지 사랑』(홍성사, 2019), p. 207.
6 프레드 크릭스, 『기도에 대한 다섯 가지 응답』(IVP, 2000), p. 77-113.
7 유해룡, 『예수님과 사귀라』(두란노, 2012), p. 149.
8 고린도전서에도 비슷한 논리의 말씀이 등장한다. "믿지 아니하는 남편이 아내로 말미암아 거룩하게 되고 믿지 아니하는 아내가 남편으로 말미암아 거룩하게 되나니 그렇지 아니하면 너희 자녀도 깨끗하지 못하니라 그러나 너희가 이제 거룩하니라"(고전

7:14). 쉽게 말해 비그리스도인인 남편이나 아내는 하나님을 믿는 남편이나 아내의 선한 영향을 받는다는 말씀이다. 가정에서 홀로 믿음 생활을 하는 사람은 나로 인해 우리 가정이 하나님께로부터 복을 받을 수 있다는 믿음을 가질 수 있다. 그러한 일이 가능한 것은 나의 의로움 때문이 아니라 나와 관계를 맺어 주시는 하나님 때문이다.

9 월터 브루그만, 『구약의 위대한 기도』(성서유니온, 2012), p. 138.
10 C. S. 루이스, 『피고석의 하나님』(홍성사, 2020), p. 329.
11 에스라의 경우 백 퍼센트 하나님을 신뢰하며 기도하는 모습만 보인다. 아마도 에스라가 제사장이었기 때문에, 그리고 에스라가 처한 상황이 포로 귀환 공동체에게 하나님만을 의지하는 본을 보여야 하는 상황이었기 때문에 그랬을 것으로 추정된다.
12 제임스 패커, 『제임스 패커의 기도』(IVP, 2008), p. 227.
13 브루스 윌킨슨, 『야베스의 기도 : 내 삶을 기적으로 채우는 원리』(디모데, 2001), p. 40.
14 리차드 넬슨, 『현대성서주석, 열왕기상하』(한국장로교출판사, 2000), p. 72.
15 A. W. 토저, 『하나님을 추구함』(생명의말씀사, 2006), p. 23.
16 윌리엄 A. 배리, 『하느님과 그대』(가톨릭출판사, 2009), 7장.
17 마리온 마이어스, 『내 감정 ABC』(죠이선교회, 2010), p. 66.
18 박영선, 『박영선의 기도』(무근검, 2016), p. 146.
19 장로회신학대학 구약학 은퇴교수 박동현 목사님의 시(미간행).
20 존 프리처드, 『기도』(비아, 2016), p. 94.
21 P. T. 포사이스, 『기도』(복있는사람, 2005), p. 171.
22 볼프하르트 판넨베르크, 『판넨베르크 조직신학 III』(새물결플러스, 2019), P. 924-928.
23 히스기야의 생명이 연장된 시기에 이스라엘에서 가장 악한 왕 므낫세가 태어났으므로 히스기야의 기도로 인한 생명 연장을 부정적으로 보는 관점이 있다. 그러나 역대기에서는 므낫세가 하나님께 회개하고 겸손케 되어 하나님이 므낫세의 왕위를 회복시켜 주시는 장면이 등장한다(대하 33:10-13). 역사서를 읽을 때 열왕기와 역대기의 관점을 서로 비교하여 보다 입체적이고 포괄적인 관점을 취해 성경의 풍부한 의미를 취할 필요가 있다.
24 강정훈, 『그래도 기도는 힘이 세다』(두란노, 2021), p. 144.
25 케네스 베일리, 『중동의 눈으로 본 예수』(새물결플러스, 2016), p. 345-348.
26 P. T. 포사이스, 『영혼의 기도』(복있는사람, 2005), p. 176.
27 리처드 포스터, 『기도』(두란노, 1995), p. 304. 재인용.
28 Newsome, Carol A. *The Book of Job* (Nashville: Abingdon, 1996), p. 371.
29 30대 초반의 앤(Anne)은 결혼을 하게 되었습니다. 그런데 그녀는 결혼을 앞두고 하나님께 기도를 드릴 때마다 하나님이 멀리 느껴지곤 했습니다. 왜냐하면 결혼식 당일에

친아버지가 자신의 손을 붙잡아 주지 못한다는 사실에 슬픔을 느꼈기 때문이었습니다. 그녀의 아버지는 대학생때 돌아가셨고 지금은 새아버지가 계시지만 앤은 새아버지를 좋아하지 않았습니다. 그녀는 기도 중에 자신이 아버지의 죽음과 새아버지의 결혼에 분노하고 있었다는 것을 발견하게 되었습니다. 그리고 그 사실에 대해 하나님 앞에 깊이 탄식하며 기도하기 시작했습니다. 바로 그때 앤은 하나님이 자신의 기도를 주의 깊게 들어 주시고 측은지심으로 그녀의 탄식하는 마음을 고스란히 받아 주시는 것을 느꼈고 기도가 지루하지 않았습니다. 윌리암 A. 배리, 『하느님과 그대』(가톨릭출판사), p. 102-105.

30 양명수, 『욥이 말하다』(분도, 2003), p. 37. 재인용.
31 K. 코흐, "묵시 문학과 종말론" 〈기독교사상〉 25(1981, 9), P. 111.
32 리처드 포스터, 『영적 훈련과 성장』(생명의말씀사, 2009), p. 217.
33 C. S. 루이스, 『순전한 기독교』(홍성사, 2018), p. 110.
34 유해룡, 『하나님 체험과 영성수련』(장로회신학출판부, 1999). p. 278.
35 C. S. 루이스, 『개인기도』(홍성사, 2019), p. 101-102.
36 헨리 나우웬, 『여기 지금 우리와 함께 하시는 하나님』(은성, 2013), p. 20.
37 라틴어로 중보는 inter cedere로 '갈라진 틈 사이에 서다'는 뜻이다.
38 김세윤, 김회권, 정현구, 『하나님 나라 복음』(새물결플러스, 2013), p. 340
39 디트리히 본 회퍼, 『신도의 공동생활』(대한기독교서회, 2003), P. 113.
40 빅터 P. 해밀턴, 『출애굽기』(솔로몬, 2017), P. 838.
41 마이클 케이시, 『거룩한 책읽기』(성서와 함께, 2007), p. 77.
42 존 달림플, 『단순한 기도』(은성, 2010), p. 13.
43 배희숙, 대한기독교서회 창립 100주년 기념 성서주석 시리즈 13 『역대하』(대한기독교서회, 2010), p. 266.
44 엄두섭, 『신비주의자들과 그 사상』(은성, 1992), p. 186-187.
45 송봉모, 『집념의 인간 야곱』(바오로딸, 2002), P. 204.
46 김세권, 『삶을 흔드는 창세기』(크리쿰북스, 2017), p. 337.
47 월터 브루그만, 『창세기』(한국장로교출판사, 2000), P. 403.
48 스탠리 하우어워스, 『주여, 기도를 가르쳐 주소서』(복있는사람, 2006), p. 78-79.
49 김세윤, 『주기도문 강해』(두란노, 2011). p. 169-171.
50 임영수, 『열흘 동안 배우는 주기도문 학교』(홍성사, 2022), p. 86.
51 J. M. 로흐만, 『주기도문 강해 기도와 정치』(대한기독교서회, 1995), p. 222.